CRIS des MARCHANDS ambulants du vieux Paris

Le monde pittoresque des petits métiers de la rue

Chez le même éditeur

Collection « Au Temps Jadis »

Fêtes populaires d'autrefois : les réjouissances de nos aïeux, *2013*

Histoire pittoresque des métiers (tome 1), *2013*

200 jeux de notre enfance en plein air et à la maison, *2014*

La publicité d'antan s'affiche (tome 1) : la réclame d'autrefois
à travers les affiches publicitaires, *2014*

La publicité d'antan s'affiche (tome 2) : la réclame d'autrefois
à travers les affiches publicitaires, *2014*

Histoire de France : l'indispensable pour devenir incollable, *2015*

Grandes légendes de France (tome 1) : 10 récits merveilleux de nos aïeux, *2015*

Si la France m'était contée... (volume 1) : voyage encyclopédique au cœur
de la France d'autrefois. *Nouvelle édition, recomposée et enrichie, des
numéros 1 et 2 (parus en 2002) du périodique* La France pittoresque, *2015*

Si la France m'était contée... (volume 2) : voyage encyclopédique au cœur
de la France d'autrefois. *Nouvelle édition, recomposée et enrichie, des
numéros 3 et 4 du périodique* La France pittoresque, *2015*

L'encyclopédie du temps jadis : collection des 40 numéros parus entre 2003
et 2014 de la publication *La France pittoresque*

Collection « Figures de France »

Si Jeanne d'Arc m'était contée... : savoir l'essentiel sur la Pucelle, *2015*

Si Louis XI m'était conté..., *à paraître*

Collection « Questions Historiques »

Petits mensonges historiques : enquête sur des mots historiques célèbres
mais jamais prononcés, *2012*

La Bastille : prisonnière séculaire des mensonges révolutionnaires, *2015*

Vade-mecum de la féodalité : mémento pour tous démêlant le vrai du faux, *2015*

Vade-mecum du règne de Louis XIV : dialogue autour de l' « absolutisme », *2015*

Collection « Nos Villes et Villages Pittoresques »

Une saison d'été à Biarritz : Biarritz autrefois, Biarritz aujourd'hui, *2014*

Collection « L'Histoire Illustrée »

La légende de l'origine du paon, *2015*

Petite légende de Bergerette, *2016*

CRIS des MARCHANDS ambulants du vieux Paris

Le monde pittoresque des petits métiers de la rue

La France pittoresque

LA FRANCE PITTORESQUE

COLLECTION « Au Temps Jadis »

Dirigée par Valéry Vigan

Illustrations de couverture : *Le vinaigrier ambulant* et *La marchande de poissons*, extraites de *Cris de Paris dessinés d'après nature*, par M. POISSON (1774)
Site Internet : www.france-pittoresque.com
Mail : info@france-pittoresque.com

Jeune laitière
(Gravure extraite de *Études prises dans le bas peuple ou les Cris de Paris*, par Bouchardon, 1737)

« *A Paris tout au plus matin*
Lon crie du laict pour les nourrisses,
Soubvenir sans a quelque advertin [vertige]
Et enfans nouris sans obices [obstacles] »

(Guillaume de la Villeneuve,
Les Crieries de Paris, fin du XIIIᵉ siècle)

L'origine des cris de Paris « se perd dans la nuit des temps ». Si haut que notre regard puisse plonger dans le passé, si loin en arrière que nous rencontrions un document sur les petites industries parisiennes, nous les trouvons déjà installées à leur poste dans les rues et les carrefours, et faisant retentir la ville de cette mélopée bruyante et bizarre qui s'est perpétuée jusqu'à nous en s'affaiblissant. Le *Livre des Mestiers*, du prévôt Etienne Boileau, nous les montre à l'œuvre sous le bon roi saint Louis ; et, dès la fin du treizième siècle, Guillaume de la Villeneuve les chantait en son curieux petit poème des *Crieries de Paris*. Les mystères, les romans, les fabliaux du Moyen Age abondent en *dits* du tavernier, de l'épicier, de l'étuviste, etc.

Le vieux Paris, d'un bout à l'autre de son enceinte, n'était qu'une symphonie incessante, où se mariaient sur tous les tons les voix provocatrices des marchands ambulants. Loin d'augmenter avec le temps, le nombre et la variété de ces cris de la rue ont beaucoup décru. Il est facile de le comprendre. Jadis, avant la découverte de l'imprimerie, avant l'invention des gazettes et des prospectus, les moyens de publicité étaient singulièrement restreints. Peu de gens savaient lire. A défaut d'annonces ou d'affiches, il fallait bien recourir à la voix humaine. Tout alors se criait par les rues, même les marchandises qui attendent aujourd'hui le chaland au fond d'une boutique et semblent les moins faites pour se débiter en plein air. Dans cette enfance de l'art, les industries les plus simples se décomposaient souvent en parties innombrables ; chacune avait son colporteur spécial, et celui-ci proclamait sa marchandise avec une assourdissante et interminable loquacité dont, entre une multitude d'exemples analogues, le vieux *dit du mercier*, en deux cents vers, donne une idée imposante.

De tous temps, ce sujet a sollicité les écrivains aussi bien que les dessinateurs. Nous avons encore, de la première moitié du seizième siècle, le *Cry joyeux des marchandises que l'on porte chacun jour parmi Paris* ; les *Crys de Paris tous nouveaux* (1545), par Antoine Truquet ; puis, à une date un peu postérieure, la *Chanson nouvelle de tous les cris de Paris*, qui se chante « sur la volte de Provence ».

Nous avons également la *Farce des cris de Paris* (1548), sans parler de quelques passages de Rabelais. Il nous reste aussi, du milieu ou de la fin du siècle (l'édition de 1584 n'est pas la première, et elle remonte au quinzième siècle sous sa forme primitive), un livret : *les Cris de Paris que l'on crie journellement par les rues de ladicte ville*, multiplié à foison par les presses de Troyes pour les besoins de la librairie populaire, et que je n'ose appeler poème, bien qu'il ait la prétention d'être écrit en vers de huit syllabes. Ce livret contient déjà presque tous les cris que nous

Fig. 1 — *Ma belle poirée, mes beaux épinards !*
Gravure des *Cris de Paris*. XVe siècle

entendons retentir aujourd'hui par-dessus le roulement des voitures et le bruit de la houle humaine ; il en renferme, en outre, beaucoup d'autres, qui sont allés rejoindre, parmi les neiges d'antan, les vieilles rues et les vieilles maisons de la Cité. On peut voir enfin à la Bibliothèque de l'Arsenal une curieuse et rarissime série non classée de *Cris de Paris*, figures coloriées, avec les cris en caractères gothiques souvent accompagnées de quatrains (fig. 1).

Mais c'est surtout du dix-septième au dix-neuvième siècle que les petites industries de la rue ont inspiré une foule d'artistes, comme Pierre Brébiette et Abraham Bosse, Lagniet, Bonnard, Poisson, Greuze, Boucher, Bouchardon, Saint-Aubin, Boissieu, Duplessis-Bertaux, Carle Vernet, Joly, Marlet et tant d'autres. Les cris de Paris et les industriels de la rue ont occupé, au dix-septième siècle, non seulement des écrivains burlesques tels que Claude le Petit, surtout Berthod et Scarron, mais des écrivains plus graves, comme Boileau. Ils figurent fréquemment dans les ballets de la cour de Louis XIII et du temps de la Régence, et ils ont même défilé plus d'une fois devant Louis XIV. Regnard, dans *la Foire Saint-Germain*, après lui Panard, dans la *Description de Paris*, Favart, dans *la Soirée des boulevards*, et beaucoup d'autres en ont enregistré un assez grand nombre.

On les a mis à la scène sous la Restauration. Le 18 septembre 1822, le théâtre des Variétés donna *les Cris de Paris*, par Francis, Simonnin et d'Artois, où Lepeintre figurait un marchand de café, de liqueurs et de petits gâteaux ; Vernet, un carreleur de souliers ; Arnal, un marchand de fruits et de légumes ; Brunet, un marchand d'habits ; Odry, une marchande d'allumettes et d'amadou.

Nous voudrions faire revivre un moment sous les yeux du lecteur quelques-unes des plus curieuses parmi ces petites industries disparues, et, comme il faut choisir un centre et un point d'appui pour cette étude, nous choisissons ce dix-septième siècle, le plus complet et le plus varié de tous, qui renferme et concilie en lui-même le temps ancien et le temps moderne, le crépuscule du Moyen Age, si je puis ainsi dire, et l'aube des époques nouvelles, et qui garde encore presque tous les cris du temps passé. C'est sur ce terrain surtout que nous nous établirons, mais en poussant des pointes et en *rayonnant* à droite et à gauche, en deçà ou au-delà, selon les besoins du sujet.

Descendons dans la rue, ou mettons, dès avant le jour, la tête à la fenêtre.

Fig. 2 — Le marchand d'eau-de-vie. D'après A. Bosse. XVIIe siècle

Voici le défilé qui commence.

Les premiers levés, parmi les industriels nomades, ce sont les marchands d'eau-de-vie (fig. 2). Il n'est que quatre heures du matin ; l'aube ne paraît pas encore au bord le plus lointain de l'horizon, et déjà on entend de toutes parts le cri ou la chanson enjolivée de plaisantes fioritures par le marchand : « Eau-de-vie, brandevin, et la dragée au bout. — La vie, la vie, à un sou le petit verre. — À la bonne eau-de-vie, pour réjouir le cœur. — À mon petit cabaret, à mon petit bouchon ! »

Leur voix, devançant le chant du coq, est le clairon qui réveille tous les habitants du quartier. Les uns vont de porte en porte offrir leurs services et cher-cher les clients à domicile ; le plus grand nombre dressent leur table dans un carrefour, sur une place, au coin de quelque rue fréquentée, avec la fontaine, les tasses et les flacons d'étain, la lanterne qui les éclaire, et l'auvent portatif élevé autour de la petite boutique pour garantir la marchandise et le marchand. La table est souvent décorée avec art et même avec un certain luxe. On n'y boit pas seule-ment de l'eau-de-vie, mais d'agréables liqueurs de tout genre. Pour couronner tant de jouissances, on y trouve même au besoin les plaisirs du jeu, et l'on peut engager avec le marchand une partie de cartes ou de dés sur la nappe.

Le menu peuple formait la principale, mais non la seule clientèle de ces débits de la rue. L'ouvrier, en gagnant le lieu de son travail, passait à la boutique en plein vent comme il entre aujourd'hui chez le marchand de vin ; les paysans des environs, en se rendant à la Halle pour y porter l'énorme provision de légumes, d'œufs, de fruits et de fleurs qui allaient se vendre à la criée au milieu d'un tumulte infernal, tandis que le reste de la ville demeurait plongé dans le sommeil et le silence, se réchauffaient d'un petit verre au passage. Les clients les plus délicats et les plus riches y joignaient quelque fruit confit, avec « la dragée au bout », et nos modernes buveurs d'*eau de feu* devraient bien revenir à ce dernier usage.

Dans son *Tracas de Paris* en vers burlesques (1665), François Colletet a décrit minutieusement l'équipage et les allures des crieurs d'eau-de-vie :

Ris de voir ces tasses rangées
Et ces fioles de dragées,
Ces bouteilles et ces flacons
Et ces verres à petits fonds,
Ces tables propres et couvertes,
Que l'on orne de branches vertes.
De tapis et de linges blancs,
Afin d'attirer les passans.
Tous ces vendeurs ont leur méthode,
Et chacun invite à sa mode :
« Ça, chalants, dira celuy-ci,
Approchez, venez boire icy ;
Voilà de si bonne eau-de-vie
Pour noyer la mélancolie,
Même pour réjouir le cœur.
Qu'il ne se peut rien de meilleur ! »
L'autre, qui court de rue en rue
Avec sa lanterne menue,
Portant sa boutique à son col
Pendue avecque son licol,
S'en va frapper de porte en porte,
Suivy de son chien pour escorte,
Et réveille les artisans
Avecque ses discours plaisans
(Que l'on croit des mots de grimoire).
« Vi, vi, vi, vi, à boire, à boire !

Excellent petit cabaret,
Remply de blanc et de clairet,
De rossolis, de malvoisie.
Pour qui n'aime point l'eau-de-vie ! »

Ces industriels étaient parfois exposés à d'assez rudes mésaventures. Plus d'un dormeur, réveillé en sursaut par leur voix aiguë, ouvrait sa fenêtre pour les accabler d'injures ou de pis encore. Le premier continuateur du *Roman comique* de Scarron, en son chapitre deuxième, les traite de *canailles*, et voit en eux « la plus importune engeance qui soit dans la république humaine ». Cette aimable phrase donne la mesure des dispositions bienveillantes que les bourgeois de Paris nourrissaient généralement à leur égard. Tallemant des Réaux nous raconte, dans l'historiette de *Clinchamp*, que, tous les matins, cet ingénieux gentilhomme faisait monter un marchand d'eau-de-vie , sous prétexte de se réconforter l'estomac, et le forçait aussitôt, un pistolet sur la gorge, d'allumer un fagot dans sa cheminée

Fig. 3 — *Huîtres à l'écaille !* D'après Bouchardon. XVIIIe siècle

13

afin d'avoir toutes ses aises en se levant.

L'eau-de-vie avait été longtemps considérée comme un remède, et vendue exclusivement par les apothicaires ; ce ne fut guère qu'au dix-septième siècle qu'elle devint une boisson dont le peuple commença à user et bientôt à abuser. Un arrêté du mois de janvier 1678, donnant force de loi à la coutume, autorisa les pauvres marchands d'eau-de-vie à s'établir dans les rues, de la manière que nous avons dite ; mais ils se laissèrent aller sans doute à triompher avec quelque imprudence et à outrepasser leurs droits, car, le 1er juillet de la même année, un nouvel arrêt, intervenu sur la plainte des limonadiers, leur fit défense de mêler du sucre et d'autres liqueurs que l'eau-de-vie à leurs cerises et noix confites.

Un peu après les marchands d'eau-de-vie, les crieurs d'*huîtres à l'écaille* faisaient leur entrée en scène (fig. 3) : le cri de ces industriels remplaçait le chant de l'alouette pour marquer le lever de l'aurore. Au Moyen Age, les *étuveurs* envoyaient leurs garçons crier par les rues :

> Seignor, qu'or vous alliez baingner,
> Et estuver sans delaier ;
> Li baing sont chauds, c'est sans mentir.

Ce cri se renouvelait le soir. Le bain, surtout le bain de vapeur, était une des habitudes du Moyen Age, rapportée d'Orient à la suite des croisades, et une habitude fort salutaire, en ce temps, où Paris, obstrué de ruelles infectes, peuplé de truands, souvent ravagé par la peste, respirait une atmosphère saturée de mauvaises odeurs et propice aux maladies cutanées. Par malheur, déjà au Moyen Age et encore au dix-septième siècle, malgré le soin qu'on prenait, ou qu'on était censé prendre, de ne recevoir dans la corporation des maîtres baigneurs-étuvistes que des hommes barbiers de bonnes vie et mœurs, leurs établissements avaient une réputation fort suspecte. On en trouvait presque dans chaque rue ; mais celle des Vieilles-Étuves était leur centre principal et le rendez-vous favori des amateurs.

Dans le *Livre des Mestiers*, d'Étienne Boileau, il est fait défense aux *estuveurs* d'envoyer crier leurs bains avant le jour — à cause des dangers que pouvaient courir les bourgeois dans les ténèbres en se rendant chez eux — et de les tenir ouverts la nuit. Plus tard, les *estuveurs* changèrent leur nom contre celui de *baigneurs* ; ces derniers jouent un grand rôle dans les mémoires du dix-septième siècle. Il y avait des bains du haut style et très à la mode, où les grands seigneurs allaient souvent s'enfermer plusieurs jours, et où ils trouvaient tout le luxe de l'élégance et tous les raffinements de la civilisation ; mais on ne voit pas qu'ils envoyassent crier par les rues. Quelques baigneurs d'ordre infime le faisaient peut-être encore dans le courant du siècle ; quant aux illustres, ils dédaignaient ce moyen vulgaire.

Entre tous les cris du matin, il ne faut pas oublier non plus celui des laitières (fig. 4). On les voyait arriver à peu près en même temps que les boulangers de Gonesse, le vase sur la tête et le pot à la main. Assises sous les portes cochères et installées aux angles des rues, comme à présent, elles faisaient retentir l'air de leurs voix perçantes : « À mon bon lait chaud ! Qui veut du bon lait ? — La laitière, allons vite. — Ça, tôt le pot, nourrices. » C'était le moment où Paris se levait, où les ménagères apparaissaient sur le seuil, où les rues commençaient à se remplir.

Le café, introduit à Paris d'une manière définitive vers 1672, était aussi colporté par les rues. Le marchand soutenait devant lui un éventaire, sur lequel étaient rangés ses ustensiles, et il portait d'une main un réchaud surmonté d'une cafetière, dont le contenu se maintenait bouillant ; de l'autre une petite fontaine avec sa provision d'eau (fig. 5). Les amateurs l'appelaient par la fenêtre et le faisaient monter chez eux. Tel était l'engouement qui accueillit cette nouveauté, qu'on voyait souvent les grandes dames s'arrêter à la porte des cafés et se faire apporter dans leurs carrosses une tasse de la liqueur à la mode, qu'on payait

Fig. 4 — *Qui veut du bon lait ?* D'après les *Cris de Paris* du XVᵉ siècle

quatre sous (*Dictionnaire du commerce*, article *Café*, de Savary ; *Lettre à Mˡˡᵉ Poisson*, de Boursault).

Au dix-huitième siècle, les ouvriers matineux, en se rendant à leur travail, prenaient leur café au lait en plein air. « Au coin des rues, dit Mercier dans son *Tableau de Paris*, chapitre *les Heures du jour*, à la lueur d'une pâle lanterne, des femmes portent sur leur dos des fontaines de fer-blanc, en servent dans des pots en terre pour *deux sols*. Le sucre n'y domine pas, mais enfin l'ouvrier trouve ce café au lait excellent. S'imaginerait-on que la communauté des limonadiers, déployant ses statuts, a tout fait pour interdire ce trafic légitime ? Ils prétendaient vendre la même tasse *cinq sols* dans leurs boutiques de glaces. Mais les ouvriers n'ont pas besoin de se mirer en prenant leur déjeuner. »

Avec le mouvement et le bruit de la grande ville, tous les industriels ambulants, descendus de leurs taudis, se répandaient parmi les mille voies sinueuses et se mêlaient à la foule. Puis après, dit Guillaume de la Villeneuve, aussitôt qu'il a parlé des étuvistes :

> Puis après, orrez retentir
> De cils qui les fres harens crient ;
> Or au vivet li autres dient ;
> Soret blanc, harenc fres poudré.

Les marchands de poisson descendaient dans la rue dès le matin, comme aujourd'hui. C'est au douzième siècle seulement que le commerce du poisson salé

Fig. 5 — *Café ! café !* D'après les *Cris de Paris*, de Bouchardon. XVIIIᵉ siècle

16

Fig. 6 — *Harengs saurs !* D'après les Cris de Paris du XVe siècle

commença à Paris, par les soins de la Hanse parisienne, et le hareng fut un des premiers qui parurent aux Halles. Les harangères demeuraient sur le Petit-Pont. Leur réputation spéciale date de loin, et dans sa *Ballade des Femmes de Paris*, Villon les range parmi les *bons becs*. Voici le quatrain que l'auteur de la série des *Cris de Paris* du quinzième siècle prête à la *crieresse d'harengs* (fig. 6) :

> Harengs sorets appetissans ;
> Ce sont petits morceaux frians,
> Pour déjeuner au matinet,
> Avec vin blanc, clair, pur et net.

À la suite des marchandes de poisson, Guillaume de la Villeneuve fait défiler les crieurs d'*oisons*, *pigeons*, *chair salée* et *chair fraîche*, ce qui prouve que les bouchers, comme les rôtisseurs, colportaient alors leur marchandise. On sait que, suivant l'usage du temps, qui réunissait dans le même quartier les gens de la même profession, les rôtisseurs, ou *oyers*, ont donné leur nom à la rue aux *Oues*

17

ou aux *Oies*, qu'ils habitaient, et dont notre ignorance du vieux langage a fait la rue aux Ours. Nous remarquons ensuite, parmi les marchandises que l'on crie, de l'*aillée*, c'est-à-dire une sauce dont l'ail, pilé avec des amandes et de la mie de pain, formait la base ; du miel, régal alors extrêmement répandu et qu'on employait souvent dans les cas où nous employons aujourd'hui le sucre ; des fèves

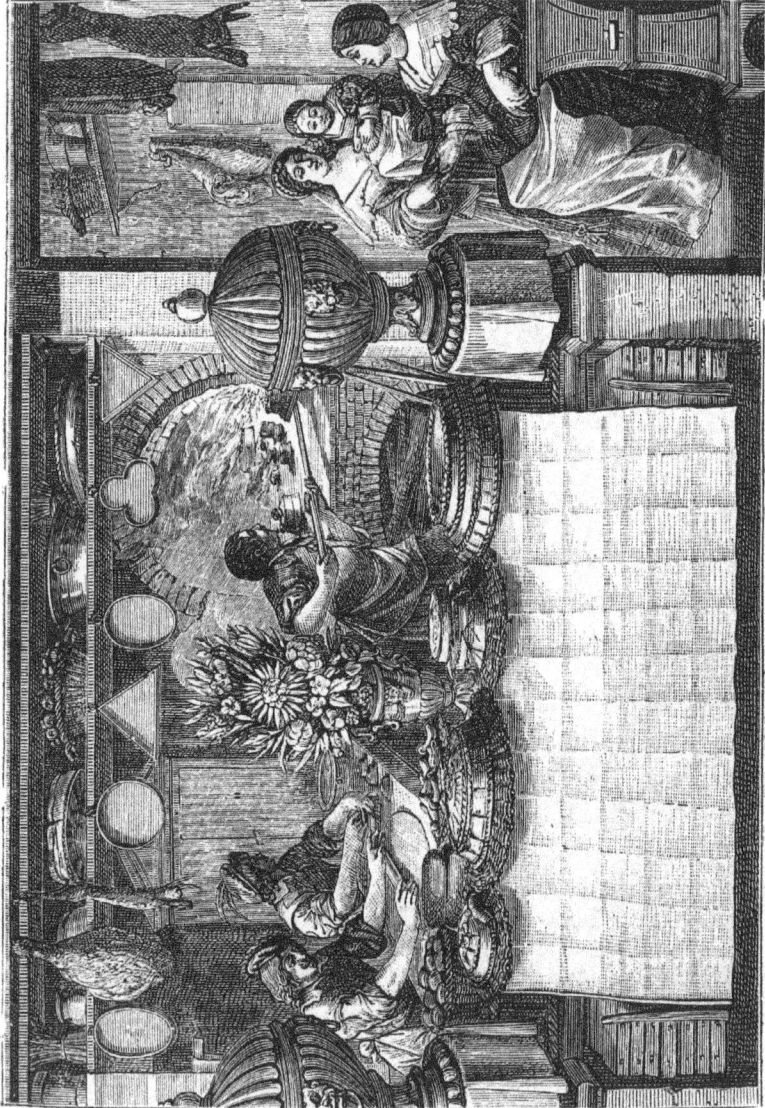

Fig. 7 — Le pâtissier dans sa boutique. D'après A. Bosse. XVIIᵉ siècle

chaudes qui, après avoir servi de nourriture, fournissaient aux élégantes une eau pour se blanchir le teint.

Mais il est probable que Guillaume de la Villeneuve ne suit plus alors l'ordre de la journée dans les cris enregistrés par lui. Nous avons voulu nous arrêter un moment, en guise d'introduction, à quelques-uns des cris spéciaux à son époque,

ou qui pouvaient donner lieu à une observation particulière. Revenons maintenant au dix-septième siècle.

Le dix-septième siècle fut un siècle gourmand. Paris était plein de *temples*
élevés à la gourmandise : tavernes, cabarets, pâtisseries, appropriés à toutes les
conditions, et recevant depuis le grand seigneur jusqu'à l'artisan. Dans les cris de
la rue, une bonne moitié pour le moins roulait sur ce thème fécond.

À vrai dire, il en a été ainsi de tous temps. La friandise humaine est la passion
qui a toujours vu le plus de courtisans empressés à la satisfaire ou à la provoquer.
Jamais reine n'a eu cour plus assidue ni flatteurs plus zélés, et l'esprit se perd
quand il essaie de réfléchir un moment à tout ce qui s'est dépensé de travail, d'art
et de génie, à tout ce qui s'est versé de larmes, de sueur et quelquefois de sang
pour donner à l'appétit de l'homme sa pitance quotidienne, pour arriver à com-
bler ce gouffre béant qui, comme le tonneau des Danaïdes, se retrouve toujours

Fig. 8 — *Petits pâtés tout chauds !* D'après Bouchardon. XVIIIe siècle

19

vide lorsqu'on croit l'avoir rempli. La faim, et la gourmandise, qui est le luxe de la faim, mettent en jeu à elles seules plus de pensées et de passions que la politique et la guerre. Que de choses ne pourrais-je pas dire là-dessus, si je ne craignais d'imiter ces auteurs qui écrivent de longues et solennelles préfaces pour de tout petits livres !

Les boutiques de pâtissiers, plus répandues peut-être qu'aujourd'hui, n'étaient pas alors ce qu'elles sont maintenant. On y entrait pour manger et pour boire ; elles avaient leurs salles communes et leurs cabinets particuliers (fig. 7) ; en

Fig. 9 — *Mes beaux cerneaux !*   **Fig. 10 — *Achetez mes lardoires !***
D'après les *Cris de Paris* de Bouchardon. XVIIIe siècle

un mot, elles se confondaient par de nombreux points de contact avec les cabarets, dont elles partageaient, en la dépassant peut-être encore, la détestable renommée. Les pâtissiers, d'ailleurs, n'avaient commencé qu'en 1567 à former une corporation distincte des cabaretiers. Ils avaient pour enseignes des lanternes décorées de figures bizarres : oisons bridés, guenuches, chiens, chats, éléphants, lièvres, renards, courant l'un après l'autre en une sorte de danse macabre, en un chaos fantastique et grimaçant. Le soir surtout, quand ces *lanternes vives*, comme on les nommait, étaient éclairées, ce spectacle avait quelque chose de plus bizarre encore, qui signalait de loin la boutique aux regards.

Ces commerçants, ou leurs garçons, parcouraient les rues, stationnaient dans les places publiques, se tenaient aux foires, l'éventaire étalé sur le ventre, et s'époumonaient à crier : « Échaudés, gâteaux, petits choux chauds, tout chauds, tout chauds ! Petits pâtés bouillants ! » (fig. 8) Les marchands de la rue crient toujours les petits pâtés *bouillants*, même quand ils sont froids, et les boissons à *la glace*, même quand elles sont chaudes. « Gobets, craquelins, brides à veau, pour friands museaux ! Qui en veut ? » Une des pâtisseries populaires les plus en vogue

20

**Fig. 11 — Le marchand de *tisane* (le coco)
D'après Poisson. XVIIIᵉ siècle**

sur les foires et dans les grandes réunions en plein air, était le *raton*, dont la forme représentait grossièrement un rat ; il ne se vendait que deux liards. Puis venaient les casse-museaux, au nom significatif ; les tourteaux, les massepains, les talemouses, de forme triangulaire, faites avec du fromage, dorées avec un jaune d'œuf, et saupoudrées de sucre ; les tartelettes, les pains d'épice, mille choses encore, plus appétissantes les unes que les autres.

À mesure que le soleil montait à l'horizon, la mélopée des cris de Paris s'élevait elle-même et grandissait toujours, plus tumultueuse et plus discordante. De la Bastille au Cours la Reine, de la montagne Sainte-Geneviève à la butte Saint-Roch, retentissait sur tous les tons l'incessante litanie du *regrattier*, des marchands de rogatons et de victuailles, poussant un âne ou une petite charrette devant eux, coiffés d'une corbeille, ou soutenant une boîte pendue à leur cou. Le soprano et la basse-taille se heurtaient en déchirant les oreilles ; le glapissement aigu des femmes jaillissait en fusées autour du beuglement enroué des hommes, lorsque les hommes n'avaient pas des voix de femmes, et les femmes des voix d'hommes.

Et voici ce qui, si l'on prêtait attentivement l'oreille, finissait par se dégager de cette masse confuse :

— Beurre frais, beurre de Vanves !
— Sauce blanche ! sauce verte ! pour manger viandes de carême !
— Sauce au miel, sauce à l'ail !

— Vin de Suresnes, vin de Montmartre !
— Mes beaux cerneaux (fig. 9) !
— Raisin, raisin doux !
— Salade, belle salade !
— Verjus, vert verjus !
— Oranges de Portugal, oranges d'Italie !
— Figues de Marseille, figues !
— Châtaignes boulues, toutes chaudes ! châtaignes à rôtir !
— Poires de Dagobert !
— Pain de Louvre ! pain de Gonesse ! pain chaland, pain mollet !
— Pêches de Corbeil ! Bergamotes d'Autun !
— Pruneaux de Tours, pruneaux !
— La douce cerise, la griotte à confire, cerises de Poitiers ! Prunes de Damas !
— Amandes nouvelles, amandes douces ; amendez-vous !
— Douce mûre, gentils fruits nouveaux !
— Fèves de marais ! Fèves cuites, toutes chaudes !
— À mes bons navets, navets !
— Carpes vives, carpes vives !
— Mon frais saumon, mon beau cabillaud ; j'ai ce qu'il vous faut.
— Des pommes pour de la ferraille !
— De l'eau pour du pain !
— Rave, douce rave, pour les dégoûtés !
— Fromage de Brie ! fromage d'Auvergne !
— À ma belle poirée ! à mes beaux épinards ! à mon bel oignon !
— Achetez mes lardoires, mes cuillers à pot (fig. 10) !

Le vendeur de tisane était l'antithèse du marchand d'eau-de-vie. La tisane ne doit pas tout à fait se confondre avec cette fade boisson médicinale qui n'eût fait fortune en aucun temps dans les rues de Paris. C'était à peu près ce qu'est aujourd'hui le *coco* cher au gamin : une eau de réglisse légèrement sucrée et aromatisée, à la portée des bourses les plus médiocres. Le marchand, la fontaine sur le dos, souvent tout enguirlandée et empanachée, le bonnet garni de plaques et de plumes de héron, ceint d'un tablier blanc, avec deux gobelets attachés à sa ceinture, parcourait les divers quartiers, en criant : « À la fraîche, à la fraîche, qui veut boire ? Deux coups pour un liard. » (fig. 11)

Parmi les liqueurs particulières à l'époque, et qui ont disparu depuis, citons encore l'*aigre de cèdre*, jus de citron servi avec son écorce confite ; le *rossolis*, ainsi nommé de la plante *ros solis* qui entrait dans sa composition, et le *populo*, qui se faisait avec un mélange d'esprit-de-vin, d'eau, de sucre, de musc, d'ambre, d'essence d'anis et de cannelle.

Le porteur d'eau ressemblait à son descendant d'aujourd'hui, avec ses deux seaux suspendus à une double courroie, et maintenus par un cerceau. L'*épicier d'enfer*, vendant toute sorte de drogues à brûler le palais, comme le poivre et le gingembre, n'avait qu'à se montrer pour qu'on devinât sa marchandise, et il ne criait pas. Il en était de même du marchand de chandelles, qui se contentait de faire sonner sa balance :

Du chandelier la guise est telle,
Il va marchant sans dire mot,

nous apprend l'auteur des *Cris de Paris qu'on crie journellement*.

Il y avait encore les gagne-petit, les crieurs de cotrets portant leur charge sur le dos (fig. 12), les marchands de jonchées d'herbe fraîche, de *ma belle herbe, anis fleuri* ; de sablon d'Étampes, menu sable bleu pour récurer les ustensiles de ménage ; de *gentils verres*, *verres jolis* et *fines aiguilles*, que j'ai retrouvés bien des fois, dans mon enfance, avec le même cri, au fond des villages de la Lorraine ; les crieurs de *maletache* ou savon à détacher (fig. 13) ; de bourrées de genièvre pour parfumer les appartements ; de *fusils*, c'est-à-dire de briquets ; de couteaux de

Fig. 12 — Crieur de cotrets. *Cris de Paris* du XVᵉ siècle

Flandre et de ciseaux de Moulins ; de *charbon de rabais en Grève*, de mannequins, de balais, de couvercles à lessive, de peignes de buis, *la mort aux poux*, de râteliers, de manchons et rabats, de selles de bois ou escabeaux, etc.

Les cureurs de puits — on trouve encore le *récureur de puits* dans les *Cris de Paris*, de Carle Vernet, qui est, avec la série de Duplessis-Bertaux, l'un des derniers documents historiques à consulter sur la matière — et *gadouards*, les tonneliers, les nattiers, les *émouleurs* (rémouleurs) (fig. 14), les chaudronniers, les savetiers faisaient rage du matin au soir. D'autres industriels, le sac sur l'épaule ou la hotte au dos, venaient chercher à domicile, à grand renfort de cris perçants, non seulement les peaux de lapins, les verres cassés, les vieux seaux et les vieux soufflets, les vieux habits à acheter ou à raccommoder — « la cotte et la chape, vieux drapeaux, vieux houseaux, vieux chapeaux, vieux bonnets » — comme aujourd'hui, mais le vieux fer, les vieux souliers, la vieille monnaie, la lie de vin et le *fient*, car, en ces siècles fabuleux, les rues de Paris se permettaient parfois le luxe champêtre du fumier.

Au milieu de tous ces cris graves éclataient quelques cris plus ou moins burlesques, dont certains métiers se léguaient la tradition. Le plus joyeux des petits industriels nomades, c'était le ramoneur (fig. 15) : le garnement, avec sa face noire, sa *malette* et sa longue gaule sur l'épaule, se plaisait, suivant un usage d'ailleurs assez répandu parmi les crieurs des rues, gens souvent facétieux, féconds en calembours et en quolibets très gaulois, à broder sur son cri (Ramone la cheminée *o ta bas*) des variations bouffonnes et parfois peu séantes, en attendant la chanson

Fig. 13 — Crieur de *maletache*. D'après les *Cris de Paris* du XVe siècle

Fig. 14 — *Couteaux et ciseaux à moudre !* D'après Lauron et Boitard. XVIIe siècle

triomphale qui était de règle, lorsqu'il débouchait au sommet de la cheminée.

Mercier nous apprend que, pendant et après la guerre avec les Anglais, sous Louis XV, les marchandes de petites poires d'Angleterre avaient trouvé un moyen de flatter l'amour-propre national en annonçant ainsi leur marchandise : « À trois pour un liard, les Anglais ! » Cette invention joviale et patriotique à la fois, qui se renouvela sous l'Empire (*Miroir de l'ancien et du nouveau Paris*, tome II, par Prud-homme), obtint un grand succès, et dut valoir de bonnes recettes à celle qui s'en avisa la première.

N'oublions pas non plus, puisque nous sommes sur ce chapitre, le mar-chand de rubans qui parcourait les rues avec sa petite voiture, dans les premières années de ce siècle, en criant : « N'achetez pas de mes rubans, ils sont trop chers, je ne veux pas vous en vendre » (*Miroir de l'ancien et du nouveau Paris*, tome I, par Prudhomme), ce qui naturellement lui attirait la clientèle de toutes les femmes amoureuses de la contradiction ; ni les marchands de joncs dont on nous a con-servé le cri drolatique : « Battez vos femmes, rossez vos habits pour un sou » (*Encore un tableau de Paris*, chapitre 56, par Henrion). Ceci nous rappelle les industriels que l'on entend encore aujourd'hui proposer aux passants une petite brochure en ces termes : « Le moyen d'être heureux en ménage et de traiter sa

Ra mône la cheminee otabas

Fig. 15 — Le ramoneur. D'après les *Cris de Paris* du XVᵉ siècle

femme comme elle le mérite. »

Au dix-septième siècle, le Pont-Neuf était le grand centre de toutes les petites industries parisiennes (fig. 16) : charlatans, colporteurs, bouquinistes en plein vent, ramoneurs, porteurs d'eau, chanteurs et musiciens nomades, arracheurs de dents, farceurs et comédiens populaires, tout affluait à ce cœur bruyant de la grande ville, dont le cheval de bronze et la Samaritaine formaient les deux pôles. Une curieuse gravure de La Belle, exécutée en 1646, met en scène le fourmillement prodigieux de ce roi des ponts et ressuscite pour nous le vivant spectacle qu'il présentait au milieu du dix-septième siècle. Sans nous arrêter davantage à ce panorama, dont la vue est plus instructive que ne pourraient l'être toutes nos descriptions, nous allons continuer notre course à travers les métiers des rues.

Dans la rarissime série des gravures de Pierre Brébiette sur les *Cris de Paris* (1640), il en est une qui représente un personnage portant sur l'épaule une espèce d'arbre, dont chaque branche est surmontée d'une coiffure de forme bizarre. Au bas de la gravure se trouve reproduit le cri du marchand : *Des fins chapeaux de*

Fig. 16 — Le Pont-Neuf en 1702. D'après une gravure du temps, extraite de *Paris à travers les âges*

papier à vendre. J'ignore quelle était la destination spéciale de ces *fins chapeaux de papier.* Peut-être les apprentis typographes les avaient-ils déjà adoptés comme leur couvre-chef de prédilection ; mais les imprimeurs ont abondamment sous la main la matière première de ces coiffures de haute fantaisie, et il n'y avait pas là de quoi constituer une clientèle sérieuse. Quoi qu'il en soit, à côté de ces chapeaux de papier destinés à servir d'abris économiques à l'artisan ou de jouets à l'enfance, il existait un commerce ambulant de *chapels* qui remontait à la plus haute antiquité et s'exerçait probablement dès le douzième siècle.

C'était un usage répandu chez nos aïeux, comme on le voit dans les poèmes du Moyen Age, de se ceindre le front de couronnes de fleurs, surtout de roses

Fig. 17 — La fête des Rois. D'après Mariette. XVIIIᵉ siècle

entrelacées d'emblèmes, dans les fêtes et réjouissances publiques, les noces, les processions, etc. Non seulement les convives se coiffaient de ces *chapels* dans les grands festins, mais ils en coiffaient même les bouteilles et les verres. Cette coutume avait donné naissance à des industries particulières et à la corporation des chapeliers de fleurs, espèces de jardiniers-fleuristes, établis dans les courtils des environs de Paris, et très occupés, tant que durait la belle saison, à tresser des couronnes pour les gens des classes élevées et les riches bourgeois (*Livre des mestiers*, par Étienne Boileau). On faisait principalement à la fête des Rois (fig. 17) une grande consommation de ces couronnes de fleurs, et, la veille de cette fête, les chapelières et chapeliers ambulants ne savaient à qui entendre (*Les Cris de Paris*, XVIe siècle) :

> Quand des Rois, approche la fête,
> Sçachez à qui je m'enbesogne ;
> Je m'en vais crier : « Des couronnes,
> Pour mettre aux rois dessus leurs têtes. »

Ce jour-là, ils étaient tenus, ainsi que le *rosier de la cour*, de présenter au voyer de la ville trois chapels de fleurs, en reconnaissance du droit exclusif qui leur était réservé d'élever des rosiers. C'étaient eux aussi qui fournissaient les fleurs pour la *baillée aux roses*, gracieux tribut payé par les pairs laïques au parlement de Paris, chaque année, durant les mois d'avril, de mai et de juin (du quatorzième au seizième siècle). Les boisseaux de roses faisaient souvent partie des redevances féodales, et l'eau rose était fort appréciée et très en usage dans les ragoûts, sauces et desserts des tables riches. On voit que les *rosiers et chapeliers de fleurs* ne manquaient pas d'occupation. D'après un auteur contemporain, vers la fin du quinzième siècle, il fallait dans Paris, en chapeaux de fleurs et bouquets verts, « tant pour noces que confréries, etc., chacun an pour quinze mille écus et plus », ce qui ferait une somme quatre fois plus considérable aujourd'hui. Et cependant l'usage des chapels de fleurs était déjà en pleine décadence.

L'antithèse était partout dans les rues de Paris. A côté de cette riante figure du marchand de chapels, voulez-vous voir la rébarbative physionomie du crieur de mort-aux-rats dans toute sa splendeur sinistre ?

Regardez l'esquisse qu'en a tracée le burin d'Abraham Bosse en sa curieuse et trop courte galerie des petits métiers parisiens. Il a toute l'apparence d'un ancien soldat, avec sa mine martiale et sa jambe de bois. Couvert d'un pourpoint troué au coude, le cou emprisonné dans une large fraise, il est coiffé d'un chapeau pyramidal, avec des cadavres de rats enroulés en arabesques autour du cordon. De la main gauche, à laquelle d'autres cadavres sont suspendus en faisceau, il maintient sur son épaule un drapeau déployé, ayant pour emblème et pour devise un rat peint et supportant un nouveau trophée de victimes. Le terrible homme marche entouré de cadavres des pieds à la tête. Sa flamberge horizontale, qui semble prête à tout embrocher, en étale encore un paquet à la pointe et un à la garde ! Voici maintenant, suspendue à son cou, la boîte qui renferme la poudre mortifère, autour de laquelle une souris enchaînée par la patte court et se joue, insoucieuse du danger, et destinée peut-être à fournir tout à l'heure un sujet de démonstration publique, comme ces esclaves sur lesquels l'empoisonneuse Locuste démontrait à Néron l'efficacité de son art. Le Pont-Neuf était le rendez-vous favori des marchands de mort-aux-rats, qui, dès le siècle suivant, comme on le voit par la gravure de Bouchardon (fig. 18), avaient déjà bien perdu de leur physionomie flamboyante.

Place au *crieur de vin*, qui est un personnage important, officiel. Pour le présenter en forme au lecteur, il est nécessaire de remonter à son origine. Au Moyen Age, la corporation des jurés-crieurs de vin comptait parmi les plus considérables. Les taverniers s'en servaient pour avertir le public chaque fois qu'ils allaient entamer une nouvelle pièce. Quand cet usage fut bien établi, le fisc municipal, qui percevait un impôt sur chacune de ces pièces, trouva commode d'utiliser dans ce but la corporation des crieurs. Il força donc tous ces marchands à prendre un crieur,

Fig. 18 — *La mort aux rats*. D'après Bouchardon. XVIIIᵉ siècle

auquel ils payaient un salaire quotidien de quatre deniers, et qui était tenu, par les devoirs de sa charge, à constater la quantité de vin débité par eux chaque jour. En vain ceux-ci réclamèrent contre cette servitude : elle était si avantageuse pour l'autorité qu'on fit la sourde oreille à leurs plaintes. Le tavernier refusait-il d'indiquer à un crieur le prix de son vin, celui-ci le demandait à un chaland et l'annonçait au prix qu'on lui disait. Refusait-il de le laisser entrer, le crieur avait le droit de s'installer à sa porte et d'annoncer son vin au prix de celui du roi.

Au treizième siècle, ces crieurs parcouraient Paris dans la matinée, annonçant de tous leurs poumons le vin de la taverne à laquelle ils étaient attachés, et en même temps ils tenaient à la main un hanap de bois (fig. 19), que leur fournissait le tavernier, et dans lequel ils versaient à boire au passant altéré, qui voulait se rafraîchir sans contrevenir aux ordonnances de saint Louis, défendant de hanter les tavernes. La veille des grandes fêtes, ils criaient jusqu'au soir les vins *composés*, le vin de sauge, le vin de romarin, « le gentil vin blanc et clairet », le bon vin fort à seize sols. Les taverniers eux-mêmes se tenaient sur le seuil, vantant leur marchandise et appelant leurs clients à haute voix.

En automne, après les vendanges, les tavernes cessaient leur débit, par respect pour les droits du roi, qui se réservait alors la faculté de faire débiter le produit des vignes de ses domaines ; et les crieurs passaient gratuitement, durant cette période, au service du souverain et parcouraient les rues, précédés du chef de leur corporation, pour annoncer le vin royal avec la solennité séante. Quand il arrivait au port de Paris une *naulée* de vins étrangers, fort estimés des gourmets, l'annonce de cette bonne aubaine se faisait aussi avec des formalités particulières et exceptionnelles, et les crieurs allaient en corps par les rues, guidés par leur chef, portant un hanap doré. Cette annonce spéciale pour les vins étrangers avait encore lieu sous Louis XIII.

Fig. 19 — Juré-crieur de vin (XVIIIe siècle)
Gravure extraite de *Paris à travers les âges*

La corporation des crieurs de vin se composait alors de trente individus. À un autre moment, il n'y en eut que vingt-quatre. En 1415, leurs fonctions s'accrurent d'une façon notable : ils eurent aussi à annoncer les morts, les jours de confrérie, les enfants, animaux, papiers et tous objets perdus, en promettant le vin pour récompense, et on les appela dès lors maîtres *jurés crieurs de corps et de vin*. Tout ce qui arrivait à Paris, tout ce qui était mis en vente s'annonçait par leur

**Fig. 20 — Le clocheteur des trépassés en 1755, d'après un dessin du temps.
Gravure extraire de *Paris à travers les âges***

ministère. Ils étaient chargés de fournir aux funérailles des draps, manteaux, tentures, de décorer les sarcophages, de procurer les pleureuses, et ils suivaient ou précédaient les convois en costumes sombres, portant au besoin les armes du défunt figurées en carton sur leurs poitrines, les uns sonnant de leurs cloches jusqu'au cimetière, ou tirant des sons lugubres, au moyen d'un boyau ciré, d'un pot de terre recouvert de parchemin tendu ; les autres réclamant à haute voix les prières du peuple pour le défunt.

Au Moyen Age, les crieurs de morts, dont les fonctions étaient alors distinctes, et qui étaient, eux aussi, des personnages officiels agissant au nom de la commune, comme le crieur de vin au nom du roi, parcouraient les rues, vêtus de noir ou d'une longue dalmatique blanche semée de larmes, agitant une sonnette et psalmodiant sur un ton lugubre : « Priez Dieu pour l'âme de maître..., ou de messire..., qui vient de trépasser ! » A en croire certains témoignages, il semble même qu'ils jetaient quelquefois cette invitation pieuse à la foule du haut de la tour qui couronnait l'église des Saints-Innocents, siège de la confrérie. Furetière nous apprend, dans son *Dictionnaire*, que l'emploi des crieurs de corps et de vin avait fini par être réduit, au dix-septième siècle, à ces fonctions relatives aux funérailles (fig. 20). Ils criaient les enterrements, portaient chez les amis et parents du défunt l'avis de sa mort, ce qu'on appelait *la semonce* (Furetière, articles *Crieurs de corps et de vin* et *Semonneur*), précédaient ou suivaient le convoi, faisaient, en un mot, d'une façon plus large et plus complète, la charge remplie de nos jours par les employés des pompes funèbres.

Fig. 21 — Vinaigrier ambulant. D'après Bouchardon. XVIIIe siècle

En plein dix-septième siècle, Saint-Amand, traçant le tableau d'une *nuit* à Paris, n'a garde d'oublier le crieur des morts :

> Le clochetteur des trespassez,
> Sonnant de rue en rue,
> De frayeur rend leurs cœurs glacez,
> Quoyque leur corps en sue,
> Et mille chiens, oyans sa triste voix,
> Luy respondent à longs abois.

Et Claveret, dans ses *Faux nobles mis au billon* :

> ... Le clocheteur m'éveille,
> Et d'un lugubre son recommande à prier
> Pour l'âme de Paul Tron, lui vivant, écuyer.

On peut croire que ces *clocheteurs des trépassés* recueillaient eux-mêmes une bonne part des malédictions dont Boileau s'est fait l'organe contre ces sonneurs, qui, dit-il, « pour honorer les morts font mourir les vivants ».

Fig. 22 — Le marchand de rubans. D'après Poisson. XVIIIᵉ siècle

À côté des crieurs de vin, tels qu'ils existaient au Moyen Age, il est logique de placer les vinaigriers. Leur commerce, d'abord plus étendu, avait été borné, par les ordonnances, au vinaigre et à la moutarde ; mais il restait encore, même après ces restrictions, l'un des plus importants de la rue. Toutes les estampes nous montrent le vinaigrier, avec son tablier et son bonnet rouge, poussant devant lui

Fig. 23 — Le marchand d'images. D'après Callot. XVIIᵉ siècle

sa brouette, qui porte deux barils armés de robinets, et une mesure pendue sur le devant (fig. 21). Au cri bien connu : « Voilà le bon vinaigre ! » les ménagères accouraient sur le seuil, et pour peu que la belle humeur de l'industriel ambulant se joignît aux qualités de sa marchandise, il faisait des recettes capables de rendre jaloux les négociants du plus haut calibre.

Dans son drame : *la Brouette du vinaigrier*, Mercier nous montre un de ces commerçants nomade entrant dans un salon avec son baril rempli jusqu'au bord de pièces d'or et d'argent, qu'il verse aux pieds de l'opulent personnage dont il demande la fille en mariage pour son fils. Mercier avait pris cette histoire dans *le Gage touché*, recueil anonyme de la fin du dix-septième siècle : elle semble prouver que cette humble industrie était considérée comme assez lucrative.

Vers 1650, il n'y avait pas moins de 600 *vinaigriers moutardiers* ambulants à Paris, et, d'après leurs statuts, tous devaient être proprement vêtus, de manière à ne pas déconsidérer la profession. Plusieurs vinaigriers, dont quelques-uns avaient poussé la brouette dans les rues, conquirent à la fois une grande réputation et une grande fortune : tels furent Savalette, Le Comte, et surtout, au dix-huitième siècle, ce fameux Maille, qui avait su composer quatre-vingt-douze sortes de vinaigre, tant de propreté que de santé, lorsqu'il n'en existait que neuf avant lui.

Le mercier avait aussi son importance parmi les industriels nomades. On le voit souvent apparaître, dans les mystères et les comédies, jusque vers le milieu du dix-septième siècle. Sa boîte est abondamment garnie, et il annonce sa marchandise avec volubilité (fig. 22). C'est une énumération (*Mystères de la Passion,*

Proverbes et dictons du Moyen Age, édit. Crapelet) à effrayer Homère :

> J'ay soies rouges, indes et perses,
> J'ay soies noires et soies fines,
> Plus blanches que n'est fleur d'épines ;
> J'ay beaux poilles surargentés,
> A feuilles d'or parmy plantés...
> J'ay les mignottes ceinturettes,
> J'ay beaux gants à damoiselettes,
> J'ay les guimpes ensaffrenées,
> J'ay les aiguilles chasnelées,
> J'ay chaînettes et de fer belles,
> J'ay bonnes cordes à vielles,
> J'ay sonnettes, etc..

Autour du mercier se groupaient les colporteurs de tous genres, pour la plupart vagabonds suspects comme lui, et affiliés à la grande confrérie du royaume de Thunes et d'Argot. Il y avait bien des variétés parmi ces colporteurs : le vendeur de « beaux A, B, C, belles *Heures* », d'images *pour du pain* (fig. 23), de livrets joyeux et de facéties, de *babioles*, comme on disait, de chansons et ballades ; le

Fig. 24 — Mercier colportant les papiers contenant la nouvelle de l'assassinat du duc de Guise, tué à Orléans, le 24 février 1560. D'après Jost Amman

crieur de crimes (fig. 24), d'accidents, d'exécutions, le crieur de gazettes, le crieur d'édits, le marchand d'almanachs et de pronostications nouvelles ; le bouquiniste installé sur les parapets du Pont-Neuf, les libraires eux-mêmes, ou leurs commis, roulant leurs tablettes le long des rues, et allant crier leurs livres nouveaux aux portes des riches maisons. La loquacité du colporteur, comme celle du mercier, était intarissable, et toutes les fois qu'on le met en scène dans les comédies du bon vieux temps, c'est pour lui prêter des monologues d'une longueur effrayante, où les titres de livres, enjolivés de variantes et de fioritures badines, se succèdent comme dans une avalanche.

Les colporteurs autorisés par l'administration avaient pour signe distinctif une belle plaque sur l'épaule.

Après la Révolution, comme après février 1848, les marchands de livres, délaissés par la foule, sentirent le besoin d'aller chercher leurs clients dans la rue ; et tout le long du boulevard Montmartre et du quai du Louvre, on entendait sans cesse retentir le cri du bouquiniste, proposant *à un sou, à deux sous la pièce*, et quelquefois *le tas*, le résidu poudreux des bibliothèques que venait de lui vendre le petit rentier ruiné.

De tous les crieurs de papiers publics, ceux des gazettes étaient les plus considérés, à ce que nous apprend Furetière. Les gazettes, sans doute infiniment plus rares au dix-septième siècle qu'aujourd'hui, étaient loin de manquer pourtant. *La Gazette de France*, de Renaudot, et plus tard *le Mercure*, n'en formaient que la plus faible partie. Il y avait, en outre, les gazettes burlesques de Loret, de Robinet, de Mayolas, de Boursault, de Subligny, de Saint-Julien, de Scarron, de vingt autres encore, publications souvent éphémères, nées d'un souffle et emportées par un souffle le lendemain de leur naissance. La Fronde, par exemple, fit éclore par milliers les feuilles volantes de tous genres : un essaim de gazettes et de plaquettes, de caricatures et de pamphlets, s'élança furieusement à l'assaut du cardinal Mazarin. Il en naissait de nouveaux à chaque minute ; il en pleuvait sur tous les quartiers de Paris.

Il est douteux que le système de l'abonnement fût alors en usage, au moins à l'origine : *la Gazette* se criait par les rues et s'achetait au numéro. Dans une estampe de l'époque de sa fondation (30 mai 1631), où *la Gazette* est représentée assise sur une espèce de tribunal, ayant Renaudot pour greffier, on voit au fond un crieur, avec son panier rempli d'exemplaires. Ces colporteurs s'appelaient *gazetiers*, comme les écrivains de *la Gazette* eux-mêmes. Il y avait aussi de pauvres femmes qui allaient l'acheter au bureau de la grande poste, et la distribuaient par mois aux personnes qui la voulaient lire pour trente sols. Il arriva un jour, par hasard ou par malice, raconte du Coudray dans ses *Nouveaux essais sur Paris*, qu'un marchand de fagots criait sa marchandise en même temps qu'un marchand de gazettes, et toutes les fois que ce dernier disait *gazettes*, l'autre immédiatement après disait *fagots*. L'analogie fut saisie, et le mot *fagots* devint la dénomination familière du premier de nos écrits périodiques.

Ce fut l'âge d'argent des colporteurs. La Révolution fut leur âge d'or. Du matin jusqu'au milieu de la nuit, Paris retentissait de hurlements sinistres, où les aboyeurs criaient pêle-mêle les gazettes et pamphlets, les condamnations à mort, les victoires et complots, les décrets, les émeutes, les accidents et les séances de la Convention, les élucubrations pullulantes de tous les scribes des clubs, avec leurs titres populaciers, en style de père Duchesne ; à tout cela se mêlaient les cris étourdissants des recruteurs de la loterie et des agioteurs en plein vent.

Quant aux édits solennels, ils se proclamaient dans les carrefours et sur les places au son du tambour et de la trompette. Ces instruments, aujourd'hui exclu-sivement réservés à l'armée, jouaient un grand rôle dans le vieux Paris : le racoleur qui recrutait des dupes, le charlatan et le *triacleur* qui vantaient leurs drogues, l'arracheur de dents, le joueur de tours de gobelets, le farceur de carrefour, les *cris*

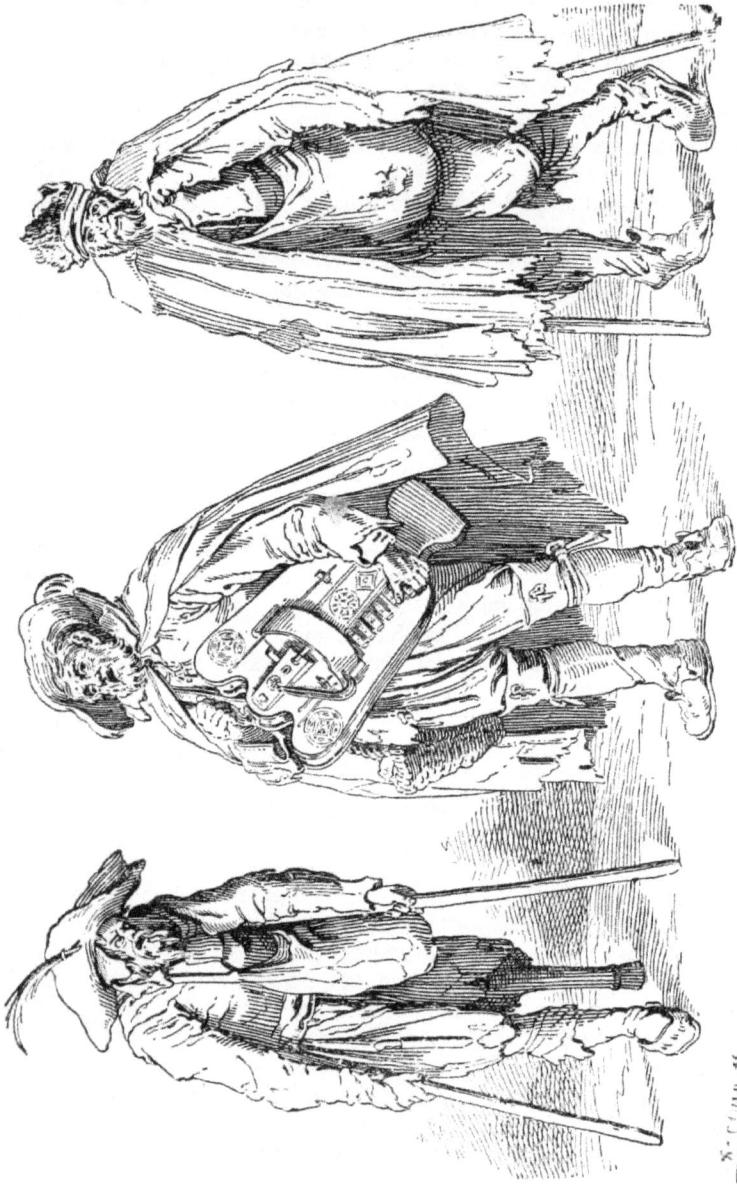

Fig. 25 à 27 — Gueux et mendiants. D'après Callot

et *montres* des confrères de la Passion, des Clercs de la basoche et des Enfants sans Souci, tout cela usait et abusait du tambour et de la trompette. Il fut même un temps où les grands comédiens, ceux qui jouaient des tragédies en vers dans des théâtres *ad hoc*, et non seulement les troupes de province, mais celle de l'Hôtel de Bourgogne elle-même, à ses débuts, envoyaient à l'heure de la représentation l'un d'entre eux battre la caisse par les rues pour convoquer le public.

Les mendiants méritent une place distinguée dans cette galerie des cris du vieux Paris : à eux seuls, ils faisaient presque autant de bruit que tous les autres pris ensemble.

Il en venait de tous les points de l'horizon ; ils grouillaient dans les rues comme les insectes sur l'herbe des champs. Chaque matin, la cour des Miracles, la cour du Roi François, la cour Jussienne et tous les *caignards* de la ville vomissaient sur Paris, du fond de leurs hideux repaires, la fourmilière de leurs truands, à la fois mendiants et voleurs, faux boiteux, faux paralytiques, faux épileptiques, qui remplissaient l'air de leurs lamentations bruyantes, modulées d'une voix plaintive et monotone, et chantaient sur un ton pitoyable des complaintes pieuses (fig. 25 à 27). En vain, le Parlement, la police et le roi multiplièrent, au dix-septième siècle, les arrêts et les mesures pour en diminuer le nombre ; ils ne firent que pulluler de plus belle. Les aveugles surtout semblaient pousser entre les pavés : tantôt on les voyait errer par les rues, de la main gauche tenant la laisse du fidèle caniche qui leur servait d'Antigone, et de la droite, appuyée sur leur bâton, la sébile qui sollicitait les passants. Le plus souvent, ils s'allaient camper au coin des rues, et là, assis sur leurs selles, frappant leurs boîtes du bâton et faisant sauter leurs pièces de monnaie avec bruit dans le fond de leur bassin, ils ne cessaient d'implorer à tue-tête la charité publique, en prônant le saint du jour, et en récitant toutes les oraisons et toutes les antiennes qu'ils avaient pu retenir. Ou bien encore, ils jouaient de la clarinette, du violon et surtout de la vielle. Il n'était pas rare de voir deux aveugles, assis en face l'un de l'autre, lutter de poumons entre eux, et durant le jour entier étourdir tout le quartier de leurs supplications rivales.

Mais sur ce chapitre des cris de Paris, comme sur tous les autres, le dix-septième siècle avait bien dégénéré du Moyen Age. Ainsi nous apprenons de Guillaume de la Villeneuve, dont le témoignage est confirmé par celui de Rutebœuf, que les trois cents aveugles de l'hospice des Quinze-Vingts, fondé par saint Louis, ne cessaient d'errer tout le jour par troupes dans les rues et d'y *braire à haute haleine*, en demandant leur pain (fig. 28). Le roi leur avait fourni le gîte, c'était à eux de se procurer la nourriture.

Comment d'ailleurs nous en étonner, lorsque les étudiants du Val des Écoliers, et les pauvres élèves des collèges de Navarre, des Bons-Enfants, etc., allaient chaque matin mêler leurs cris à ceux des mendiants et quêter leur pain de porte en porte, afin de pouvoir continuer leurs études sans mourir de faim ? Dans son livre *De Legatione* (1557), Ramus confirme pleinement ce détail, qui d'ailleurs ne peut être contesté, en disant que la misère des écoliers est si grande que, la plupart du temps, ils vivent du pain qu'ils mendient. Guillaume de la Villeneuve nous montre aussi les moines de Paris, les Jacobins, les Cordeliers, les Augustins, les Sachets revêtus de leurs sacs, les Carmes, les Filles-Dieu, etc., se joignant aux Quinze-Vingts et aux pauvres écoliers pour faire de même appel à la charité publique et *criant par matin* :

> Aux frères de Saint-Jacques, pain.
> Pain por Dieu aux frères menors.
> Aux frères de Saint-Augustin...
> Aux povres prisons enserrés, etc.

Le nombre des mendiants se multiplia de telle façon, que l'autorité fut souvent contrainte de prendre contre eux les mesures les plus rigoureuses et de les traiter en ennemis : on trouve à plusieurs reprises, dans les arrêts du Parlement, des défenses absolues de faire l'aumône dans les rues de Paris.

Dès le milieu du quatorzième siècle, le roi Jean leur enjoignait de sortir de la ville dans les trois jours, sous peine de prison, et, en cas de récidive, du pilori et de la marque. Au seizième siècle, particulièrement en 1596, mêmes injonctions, mais cette fois plus sévères, puisque, faute de vider la ville dans les vingt-quatre heures, tous les vagabonds, gens sans aveu et pauvres valides qui n'étaient pas de Paris, devaient être pendus et étranglés sans forme de procès. Le dix-septième siècle renouvela plusieurs fois les mêmes mesures, sans plus de succès. On prit aussi l'habitude de faire, de temps à autre, des rafles de vagabonds, pour les expédier aux

Fig. 28 — Aveugle des Quinze-Vingts. D'après Bouchardon. XVIIIe siècle

colonies, et spécialement à la Nouvelle-France, c'est-à-dire au Canada. Cette mesure sommaire était déjà employée dès les premières années du dix-septième siècle, et l'avocat Barbier nous la montre encore fréquemment en usage au dix-huitième. Peines perdues, violences inutiles ! les mendiants renaissaient de leurs cendres.

Joignez à ce continuel charivari de cris discordants les voix des porteurs de chaises, des traîneurs de vinaigrettes et des conducteurs de fiacre appelant le piéton ou criant gare ; celles des décrotteurs installés à leur sellette, des savoyards blottis, en temps d'orage, sous les portes cochères et dans les allées avec de petits ponts à roulettes sur lesquels tout passant pouvait franchir, pour trois deniers, les ruisseaux formés par la pluie, ou se bornant à y jeter une planche, quelquefois même transportant une élégante sur leur dos jusqu'à l'autre bord du torrent (fig. 29) ; des industriels, se tenant en été aux abords du Pont-Neuf pour louer des parasols à ceux qui voulaient se garantir des ardeurs du soleil en traversant le pont ; des crieurs de banques, et plus tard de la loterie royale, à l'organe sonore et aux phrases emphatiques ; des marchands de vieux passements d'argent, renommés

Fig. 29 — Le passage d'un ruisseau par un temps d'orage
D'après Garnier. XVIIIᵉ siècle

pour leur air piètre et leur mauvaise grâce ; des marchands d'allumettes, qui étaient innombrables sur le Pont-Neuf, comme les bouquetières, les marchandes d'oranges, de melons, de fruits et légumes, les charlatans et les distributeurs de prospectus merveilleux ; enfin de ces mille et un petits métiers qu'on voit apparaître sans cesse dans les chroniques populaires du temps et figurer, avec leurs accoutrements pittoresques, dans les ballets et divertissements de la cour.

Fig. 30 — L'afficheur. D'après Bouchardon. XVIIIᵉ siècle

Joignez-y la ravaudeuse dans son tonneau, le commissionnaire attendant la pratique, l'afficheur circulant avec son échelle, son pinceau et son pot à colle (fig. 30), le savetier du coin, que Bonnart appelle déjà *le réparateur de la chaussure humaine* (fig. 31), battant la semelle en sifflant sa linotte, les *camelots* du temps, juifs vendant des cannes, des mouchoirs, des bas, des bijoux faux, des dentelles, et toutes les petites marchandes du boulevard, celles que Rétif de la Bretonne nous a dépeintes dans une nouvelle des *Contemporaines* : la petite mercière, la petite épinglière, la petite éventailliste, la petite bouquetière, la petite bonnetière en mode, la petite poudrière-pommadière, la petite gaufrière, la petite vendeuse de fruits, accortes, alertes et court-vêtues, comme la Perrette de la Fontaine, et portant toute leur fortune dans une boîte suspendue à leur cou.

Il n'est rien qui n'ait été l'objet d'une spéculation de la part de ces industriels de la rue, pas un besoin qu'ils n'aient exploité et tâché de satisfaire. Il suffira de rappeler cet ingénieux personnage qui, pour suppléer à l'insuffisance des *water-closets* publics, parcourait Paris en robe de chambre, quelques années avant la Révolution, portant sous son bras une garde-robe pliante, et jetant de temps à autre ce cri, plein d'une solennité discrète : « Chacun sait ce qu'il a à faire. »

Sur certains points particuliers, les cris redoublaient ou changeaient de nature. Les marchands de poisson de la halle et les fripiers juifs des piliers voisins, les écrivains publics des charniers du cimetière des Innocents, leurs lunettes sur le nez, se chargeant de rédiger une lettre pour cinq sols, pour douze si c'était au roi ou à son ministre, à cause de la *bâtarde* (fig. 32) ; les orfèvres du pont au Change, les lingères, mercières et libraires de la galerie du Palais, tout ce monde faisait grand tapage et formait autant de concerts particuliers dans la cacophonie générale.

La tombée du jour ne mettait pas fin à ce vacarme infernal : tout au plus se ralentissait-il, mais sans jamais entièrement s'éteindre et s'arrêter. Dès que l'obscurité envahissait Paris, on entendait retentir par les rues la sonnette qui donnait le signal de l'éclairage, et aussitôt les propriétaires des maisons lâchaient les cor-

Fig. 31 — Le réparateur de la chaussure humaine
D'après Bonnart. XVIIe siècle

des des lanternes publiques, décorées de la peinture d'un coq, symbole de vigilance. Les montreurs de *curiosité* et de lanterne magique se promenaient, l'orgue de Barbarie sur le ventre, mêlant, comme leurs survivants d'aujourd'hui, un cri langoureux à la ritournelle provocante de leur instrument (fig. 33).

À l'heure du souper, les *oublieux* descendaient à leur tour, le *cofin* sur le dos,

Fig. 32 — L'écrivain public. D'après Boissieu. XVIIIᵉ siècle

marchant seuls, par ordonnance de police, et criant : « Deux gaufres pour un denier ! » ou bien : « La joie ! la joie ! Voilà des oublies ! » L'oublieux était l'antipode du crieur d'eau-de-vie : il se prenait pour symbole de la nuit, comme celui-ci pour synonyme de la première aurore : « Non, ce n'est point pour elle que le soleil éclaire », s'écrie dans *le Divorce*, comédie de Regnard, maître Braillardet plaidant contre la dame Sottinet, femme dissipée ; « elle méprise cette clarté bourgeoise ; elle ne sort de chez elle qu'avec les oublieux, et n'y rentre qu'à la faveur des crieurs d'eau-de-vie. »

Mais l'oublieux est un personnage si important qu'il ne sera pas hors de propos de dire quelques mots de ses origines et de ses ancêtres, et de tracer rapidement son histoire. Il s'appelait *oblayer* au Moyen Age. Les oblayers occupaient un rang fort honorable dans la hiérarchie des corps de métiers, et avaient même donné leur nom à une rue, devenue depuis celle de la Licorne. Préposés d'abord à la confection des hosties, ils y adjoignirent peu à peu d'autres pâtisseries, destinées surtout aux gens d'église : les échaudés, qu'on distribuait aux clercs, à certaines fêtes ; les *nieules*, que, dans beaucoup de cathédrales, et probablement à Paris aussi, on jetait parfois au peuple du haut des tours, ou de la voûte dans la nef, avec des feuilles de chêne et des étoupes enflammées, quand on entonnait le *Veni Creator*, ou enfin qu'on attachait aux pattes des oiseaux lâchés dans l'église pendant le *Gloria in excelsis*. Ils étaient soumis à des règlements particuliers, et sur quelques points assez sévères : amende s'ils entraient avec leur marchandise chez un juif ; amende s'ils se laissaient aller à jouer avec leurs dés dans la maison d'un chaland ; amende s'ils amenaient un de leurs amis pour les aider, etc.

Aux jours d'indulgence, de procession, de pèlerinage, les oblayers venaient s'établir, avec leurs fours en plein vent, autour des églises, et vendaient aux fidèles des *gaufres à pardon*, coulées dans des moules spéciaux et représentant des sujets de sainteté. Ce commerce avait même pris, au seizième siècle, un tel développement, que Charles IX se crut obligé d'y apporter des restrictions nombreuses. Les *oblayers* n'étaient pas, du reste, les seuls membres de la confrérie de Saint-Honoré qui eussent ce privilège d'établir leurs boutiques en place publique ; au Moyen Age, les *talemeliers* (boulangers) de Paris et de la banlieue pouvaient aussi mettre en vente, le dimanche, sur le parvis de Notre-Dame, les pains qu'ils n'étaient point parvenus, la veille, à débiter aux halles.

Cette pâtisserie sèche et légère qu'on appelait *oublie* était très recherchée au dix-septième siècle. Les oublieux, après avoir longtemps fabriqué d'autres mar-

Fig. 33 — *Lanterne magique*. D'après Bouchardon. XVIIIᵉ siècle

Fig. 34 — Le crieur d'oublies. *Cris de Paris* du XVe siècle

chandises d'un genre analogue, finirent par se restreindre à cette branche de leur commerce, qui avait toujours été la plus considérable. Ils parcouraient la ville à l'heure du souper, et ce repas, fixé d'abord entre cinq et six heures du soir, ayant été reculé par degrés, ils en vinrent à hanter les rues assez avant dans la nuit (fig. 34).

Aussi le métier n'était-il pas toujours sûr. Plus d'une fois, un voleur en quête d'aventures, à défaut de meilleure aubaine, dévalisait le pauvre oublieux. Plus d'une fois aussi, les maisons d'où la voix d'un soupeur aviné les hélait au passage se changèrent pour eux en coupe-gorges. L'oublieux tombait dans une orgie de jeunes débauchés qui le prenaient pour souffre-douleur, l'insultaient, le bernaient, le battaient, et quelquefois le renvoyaient moulu et dépourvu de tout. La mauvaise organisation de la police d'alors, qui poussait la mollesse jusqu'à la complaisance, parfois même jusqu'à la complicité, quand les coupables étaient en mesure d'acheter son silence, peut seule expliquer la répétition de ces crimes, considérés trop souvent comme d'excellentes farces.

Les mémoires du temps nous ont conservé en particulier le récit de l'une de ces *plaisanteries*, trop cynique et trop cruelle pour que nous nous hasardions à la raconter en détail. Trois jeunes gens des premières familles du royaume, Tilladet, le duc de la Ferté et le chevalier de Colbert, fils du grand ministre, après avoir passé la nuit au cabaret, animés par le vin et par une sorte de perversité naturelle dont ils avaient déjà donné plus d'une preuve, trouvèrent amusant, pour couronner dignement leur partie de plaisir, de faire monter un oublieux et de le torturer de la plus abominable façon. En punition de sa cruauté, le ministre infligea publiquement à son fils une verte fustigation, dont il se souvint longtemps.

Comme le crieur d'eau-de-vie, et bien d'autres industriels de la rue, l'oublieux était toujours muni d'un jeu portatif, et les convives jouaient souvent contre lui. Il était d'usage qu'on lui fît terminer la séance par la chanson du métier, quand il avait vidé son corbillon d'oublies.

Fig. 35 — Marchande de plaisir. D'après Duplessis-Bertaux. XVIIIe siècle

Pendant la Fronde, on donna le nom d'*oublieux* aux grands qui parcouraient Paris la nuit, se rendant en cachette du Palais-Royal au Palais d'Orléans pour susciter des ennemis à Mazarin et ourdir des intrigues contre lui (*Mémoires* de Mademoiselle, tome I, et de Mme de Motteville, livre II ; « on les appelait ainsi, dit cette dernière, à cause de l'heure indue qu'ils prenaient pour négocier et parce qu'on voulait faire entendre qu'ils vendaient de la marchandise peu solide »). Il arriva aussi plus d'une fois que ces industriels ambulants profitèrent des privilèges

Fig. 36 — Marchand de lanternes   **Fig. 37 — Marchand de soufflets**
D'après les *Cris de Paris* de Bouchardon. XVIIIe siècle

de leur commerce pour étudier les êtres d'une maison, la direction des corridors, la distribution des appartements, et préparer les voies à quelque expédition nocturne.

C'était là un des moyens favoris dont se servait la bande de Cartouche, ou du moins ce que l'on nommait ainsi ; car l'imagination frappée du peuple attribuait à ce voleur assez vulgaire les proportions épiques de général en chef des filous parisiens, et rapportait à son initiative, à son inspiration personnelle, à sa direction occulte et multiple, tout ce qui se commettait de déprédations et d'assassinats dans l'enceinte de la grande ville. On en avait fait une espèce de mythe légendaire, à peu près comme cet Hercule de la mythologie antique, sur la tête duquel on réunissait les exploits de vingt autres Hercules. La terreur populaire voyait sa main dans tous les crimes ; et même lorsqu'il eut été roué (1721), on continua de regarder la fourmilière des voleurs de Paris comme une armée enrégimentée sous son drapeau, inspirée par son esprit et ses règlements. L'ombre de Cartouche planait toujours sur la ville épouvantée, et son cadavre, comme celui de du Guesclin, eût encore gagné des batailles.

Le souvenir de Cartouche ne fut donc pas étranger à la frayeur extraordinaire et aux plaintes violentes que soulevèrent de toutes parts les oublieux, quand on eut cru remarquer la connivence de quelques-uns d'entre eux dans les vols qui désolaient Paris. Les choses en vinrent au point que le lieutenant de police Hérault

(1730) leur défendit les courses nocturnes par les rues de la ville. Beaucoup renoncèrent aussitôt au métier ; d'autres le continuèrent en sortant de jour, mais ils furent remplacés peu à peu par les marchandes de *plaisirs* (espèces d'oublies d'une dimension plus grande) qui ont hérité de la vogue de leurs prédécesseurs, quoique leur clientèle se recrute à peu près exclusivement aujourd'hui parmi l'enfance (fig. 35).

Le soir passé et la nuit tout à fait venue, le mouvement des petits métiers parisiens et le concert des cris de la rue ne s'arrêtaient pas. C'était le tour des porte-lanternes et des porte-falots. Au Moyen Age, dès la chute du jour, des marchands parcouraient les rues avec des lanternes allumées, qu'ils annonçaient à grands cris. Ils portaient sur l'épaule toute une cargaison composée de lanternes de rue, de lanternes de salle et de *lustres*, c'est-à-dire de bâtons assemblés en croix, au bout de chacun desquels on mettait une chandelle. Pendant le jour, les mêmes industriels vendaient des tamis, des soufflets, des sacs, des boisseaux, mais ils n'en criaient pas moins : *Lanternes ! lanternes !* parce que les lanternes étaient l'objet qu'ils considéraient comme le plus important de leur commerce (fig. 36 et 37).

On sait quelle était l'insuffisance de l'éclairage du vieux Paris, qui ne fut organisé, pour la première fois, d'une façon tant soit peu régulière qu'en 1667, par les soins du premier lieutenant de police la Reynie. Cette insuffisance avait inspiré, cinq ans auparavant, à l'abbé Laudati-Caraffa la pensée d'établir, pendant la nuit, sur les places et dans les rues de la ville, des porte-flambeaux et porte-lanternes à louage revêtus d'un costume spécial, qui se tenaient dans la rue à la disposition de quiconque en avait besoin, ou parcouraient les différents quartiers en criant : *Éclairez-vous !* La permission lui en fut accordée par ordonnance du roi, en date du mois de mars 1662, et enregistrée au Parlement le 26 août suivant.

Les porte-flambeaux stationnaient d'ordinaire aux environs du Louvre, du Palais, des lieux d'assemblée, des carrefours et places publiques. Leurs flambeaux étaient de cire jaune, marqués des armes de la ville, pesant une livre et demie, et divisés en dix portions égales, dont chacune servait à mesurer la redevance due par celui qui s'en servait. Chaque portion se payait cinq sols, tant pour le prix de la cire que pour le salaire du porteur. Les porte-lanternes étaient distribués aux mêmes lieux et occupaient des postes distants de huit cents pas environ, à chacun desquels était attachée une affiche de fer-blanc avec une lanterne peinte, pour les désigner aux regards. Leur lanterne avait une lampe de laiton à six lumignons de diverses lumières, dont l'huile ne se pouvait répandre ni le feu s'éteindre, quel que fût le temps ou l'accident qui survînt, et ils portaient un *sablier* d'un quart d'heure pendu à la ceinture. Les piétons devaient payer trois sols, et les gens en carrosse et en chaise, cinq sols par quart d'heure, d'avance. La plupart des grands seigneurs, ou même des riches bourgeois, ne sortaient guère la nuit sans être précédés d'un valet portant une torche ou un flambeau ; mais les autres trouvaient à cet établissement une grande commodité, et en même temps une grande économie.

Il ne semble pas pourtant que l'entreprise de l'abbé Caraffa ait prospéré. Peut-être fut-ce l'institution régulière des lanternes publiques par la Reynie qui leur porta le coup mortel, quoique ces lanternes ne fussent d'abord allumées que du 1er novembre au 28 février ; puis, quatre ans après, du 28 octobre à la fin de mars. On trouve bien encore par la suite les porte-falots, mais avec une organisation différente, ou plutôt sans organisation et à l'état d'entreprise individuelle.

Au dix-huitième siècle, ils s'offraient surtout à la sortie des spectacles, qui, sous Louis XIV, se donnaient dans l'après-midi, et non le soir. Ils se chargeaient de faire avancer les fiacres ou les équipages. Ils conduisaient le client non seulement jusqu'à sa maison, mais jusqu'à sa chambre au besoin, et ne le quittaient qu'après avoir allumé sa chandelle. Vers dix heures du soir et pendant une partie de la nuit, on entendait de toutes parts, surtout aux environs des bals et des assemblées, le cri : « Voilà le falot ! » et l'on voyait s'agiter et courir par les rues ces lanternes numérotées, qui venaient puissamment en aide aux réverbères, dérangeaient les voleurs, contribuaient à la sécurité de la ville et à la commodité des piétons, enfin n'étaient préjudiciables qu'aux dormeurs (*Tableau de Paris : Falots*, de Mercier). Malheureusement, s'il faut en croire Rétif de la Bretonne, qui donne aux falots une certaine place dans ses *Nuits de Paris*, les porte-lanternes prenaient souvent ce beau rôle au rebours : il nous les montre en particulier se faisant les auxiliaires des voleurs poursuivis, en venant se placer à côté d'eux pour les escorter tranquillement comme des citadins paisibles.

En 1769, on compléta le service des porte-lanternes, en adjoignant à la location du flambeau celle des parapluies, qui avait été précédée par la location des parasols, spécialement, comme nous l'avons dit, pour passer le Pont-Neuf (*).

Après que le porte-fanal s'était retiré chez lui, tout n'était pas fini encore. Les tire-laines, les pesantes patrouilles des archers du guet, les clocheteurs des trépassés, le crieur des heures, etc., se partageaient le reste de la nuit, et occupaient la scène, qui ne restait jamais vide, jusqu'à ce que les marchands d'eau-de-vie et d'huîtres à l'écaille vinssent les chasser à leur tour et rouvrir la porte à leurs milliers de confrères !

Dans son livre intitulé *Paris pendant La Révolution*, Mercier a écrit un chapitre curieux sur les *Cris nouveaux*, ceux qui faisaient retentir toutes les rues sous le Directoire. « Dès le matin, dit-il, on entend crier les journaux. De simples projets de décret sont transformés en décrets, et tout un quartier raisonne ou s'épouvante de ce qui ne doit pas avoir lieu. Le peuple, mille fois trompé par ces annonces infidèles, n'en écoute pas moins le vociférateur. Le soir, ils courent les rues avec d'autres journaux, font le même vacarme, et il y a des noms tels que ceux d'Étienne Feuillant, du *Postillon de Calais*, de Poultier, représentant du peuple, qui ont été répétés cent fois plus que ceux des rois, des empereurs et des grands écrivains de tous les siècles présents et passés. Le fond des cafés et des tabagies s'ébranle à la voix du colporteur. Le boutiquier saisit la feuille qui court, le hurleur prend la pièce de monnaie en précipitant ses pas. C'est à qui atteindra d'un pas plus accéléré le

(*) Monseigneur le lieutenant général de police ordonne :

1° Que les gagne-deniers qui porteront des parapluies pendant la nuit les tiendront du bureau de la direction, où ils seront enregistrés par signalement, nom et demeure, ainsi que chez le sieur Heancre, inspecteur de police, et au bureau de la sûreté.

2° Que ces gagne-deniers porteront une petite lanterne, sur la porte de laquelle sera découpé le même numéro du parapluie, non pour servir de falot, les lanternes à réverbère étant plus que suffisantes, mais pour servir à reconnaître le porteur de parapluie et recevoir son paiement.

Ces parapluies, qu'on nomme communément parasols, sont de taffetas vert, solides, bien conditionnés et numérotés. On commencera à en distribuer aux gagne-deniers samedi 16 septembre 1769, au bureau de la direction, rue Saint-Denis, près celle du Grand-Hurleur, au magasin d'Italie.

La saison n'exigeant plus qu'il y ait des parasols pour le Pont-Neuf, la direction fera cesser ce service public le 17, pour ne le recommencer qu'à la belle saison, tant pour ce pont que pour celui de la Tournelle, le pont Royal, le Carrousel, la place Louis XV et autres endroits où on croira que cette commodité peut être utile.

Permis d'imprimer et afficher ce 14 septembre 1769.

Fig. 38 — Le petit décrotteur. D'après Bouchardon. XVIIIᵉ siècle

lointain faubourg, où le pauvre rentier, en se couchant sans chandelle, entend qu'on s'est beaucoup occupé de lui, mais pour ne lui rien donner.

« Les victoires et les complots, les batailles et les révoltes, la mort des généraux, l'arrivée des ambassadeurs, tout cela se crie pêle-mêle. Le journaliste a tué pour deux sols celui qui se porte bien ; il annoncerait la fin du gouvernement, comme Lalande annonce la fin du monde, si on lui avait dit de crier la grande trahison du Directoire et l'égorgement du Corps législatif.

« La législation, la politique et la diplomatie sont à la merci de ces crieurs, qui défigurent les noms, dénaturent les expressions, et font dans les carrefours un historique où la géographie est tellement bouleversée que le Nord et le Midi sont confondus, et que les affaires de Rome se tiennent à Ratisbonne... Vainement a-t-on voulu

Fig. 39 — Porteur d'eau. D'après Duplessis-Bertaux. XIXᵉ siècle

imposer silence à ces commentateurs. Ils se prétendent des hérauts privilégiés : on enchaînerait plutôt le son que leurs personnes.

« Une multitude de petits détailleurs étalent à tous les coins de rue des objets de petite mercerie, crient à l'envi les uns des autres le prix de leurs marchandises ; quelques bouts de chandelle, que le vent fait fondre, couvrent de suif leurs magasins de trois pieds de long, et, quoique le prix soit modique, vous achetez toujours trop cher, car c'est là le rebut de toutes les manufactures.

« Autrefois, à la porte des spectacles, lorsqu'un faquin sortait entre les deux pièces, tous les décrotteurs (fig. 38) criaient à gorge déployée : *Votre voiture, monsieur le chevalier, monsieur le marquis, monsieur le comte !* Actuellement, ils ont substitué les noms de capitaine, de général, de commissaire. Ils sont devenus plus familiers ; ils présentent la main aux belles dames en les appelant *citoyennes.*

Ils ont une gaieté insolente, et, indifférents à tous les partis, ils se moquent également des oreilles de chien et de la perruque jacobite. »

On voit que les cris actuels, dont le provincial est assourdi quand il traverse
les rues populeuses de Paris, sont bien peu de chose relativement à ceux du temps
passé. Ce n'est pas seulement leur nombre qui a décru, c'est leur nature et leur ton
même qui se sont modifiés. Nous n'avons plus aujourd'hui ces cris *à longue
queue* qui faisaient songer aux métaphores d'Homère : les petits marchands des
bazars ambulants et des boutiques à cinq sous sont à peu près les seuls qui aient
gardé quelque chose de la volubilité et des interminables énumérations du temps
jadis. Le cri des rues s'est régularisé, écourté, assombri. S'il faut en croire Mme de
Genlis, les grands événements historiques dont Paris a été le théâtre ont exercé
une puissante influence sur cette transformation.

« Je savais avant la Révolution, écrit-elle dans ses *Mémoires*, tous les cris des
marchands des rues de Paris ; on pouvait les noter, car ils sont tous des espèces de
chant. J'avais observé que ces chants étaient extrêmement gais, et que, par une
conséquence naturelle, ils étaient presque tous en ton majeur. Depuis la Révolution, en rentrant en France, je reconnus avec surprise que ces cris que, depuis mon
enfance, je n'avais jamais vu changer, n'étaient plus du tout les mêmes, et que, de
plus, ils étaient à peine intelligibles, excessivement tristes et lugubres, et presque
tous en ton mineur. »

Fig. 40 — Marchande de café. D'après Taviès. XIXe siècle

Dans ses *Fragments sur Paris*, Frédéric Meyer, docteur en droit à Hambourg,
raconte qu'en arrivant dans cette ville, le 31 mars 1796, il fut frappé non seulement
de la solitude, mais du silence relatif des rues, qu'il avait vues douze ans auparavant si remplies et si bruyantes. Mais il constate que l'animation et le tapage
reviennent de jour en jour. Dix ans plus tard, un autre Allemand se sentait gagné
par une sorte de vertige en écoutant les cris de Paris, qui avaient repris leur diapa-
son d'autrefois : « De l'eau ! de l'eau ! Habits et galons à vendre ou à acheter,

écrivait-il le 16 mars 1806, tels sont, outre une infinité d'autres, les cris qu'on entend dans toutes les rues de Paris, dès l'aube jusqu'à la nuit tombante. Ces cris continus des porteurs d'eau (fig. 39), des petits marchands, des marchandes (fig. 40) de légumes et de poisson, des colporteurs, etc., qui remplissent presque toutes les

Fig. 41 — Le marchand d'encre. D'après l'album de Marlet, 1821

rues, les intonations de voix différentes et souvent bizarres qu'ils affectent..., font un effet bien singulier, qui étourdit tellement qu'on a peine à s'y faire. »

À mesure qu'il progressait en civilisation et qu'il croissait en élégance, Paris, comme un parvenu dédaigneux de ses vieux souvenirs, abandonnait en route bon nombre de ses petites industries de la rue et de ses cris pittoresques. Le perfectionnement des arts et des sciences tuait successivement le marchand de briquets et d'amadou, le mercier ambulant avec sa balle, la ravaudeuse dans son dernier tonneau, la marchande de chapeaux installée sous un auvent, avec son étalage portatif, et coiffée d'un tuyau de poêle en guise d'enseigne, le cureur de puits, le crieur de pierre noire et le marchand de cirage, qu'on voyait encore parcourir Paris dans les premières années du règne de Louis-Philippe, ou trôner sur les places publiques devant son étalage garni de couleuvres et de petits oiseaux immobiles, haranguant la foule avec assurance et faisant reluire comme une escarboucle le soulier de quelque maçon pour servir de preuve à l'appui de son discours. Le progrès des lumières tuait l'allumeur de réverbères, s'installant au milieu de la rue avec son attirail et toute sa famille pour nettoyer les vitres de la lanterne descendue à portée de la main, frotter les réflecteurs et renouveler la provision d'huile ; le colporteur d'almanachs et de pronostications, le marchand de chapelets, médailles et patenôtres, le crieur des confréries, le pèlerin chantant par les rues le cantique de sainte Reine ou de la Sainte-Baume. Le progrès de la police tuait les crieurs de corps et de vin, les mendiants et vielleurs des places publiques, les clocheteurs des trépassés, et que sais-je encore !

Ceux que la civilisation parisienne n'a pas anéantis, elle les a du moins traqués et chassés au fond des provinces. Les règlements municipaux et les ordonnances concernant la voie publique ont rogné les ailes à tout cela ; on a taillé à coups de ciseaux à travers ce fourmillement de la rue ; on a émondé et éclairci cette forêt. Le goût de la correction, de l'unité, de la ligne droite, qui tend à faire de Paris, depuis la Révolution, depuis vingt-cinq ans surtout, la ville la plus splendidement et la plus majestueusement monotone qui fût jamais, s'est manifesté là comme ailleurs par la main pesante de l'administration. Et puis l'amour de la centralisation a envahi peu à peu le commerce et l'industrie. L'esprit de spéculation, la vapeur, l'invention de nouveaux métiers, l'accroissement des fortunes et l'association des capitaux ont permis de réunir et de fondre en faisceau des myriades de métiers ambulants qui, maintenant, attendent à domicile le chaland, qu'ils allaient provoquer autrefois.

Nos lecteurs parisiens connaissent les cris qui ont survécu, et dont le nombre diminue chaque jour. Quelques-uns peuvent se souvenir encore d'avoir entendu les marchands d'encre (fig. 41), spécialement connus pour la fantaisie et la variété de leur répertoire, et en particulier cet original qui parcourait les rues accompagné de son jeune fils, celui-ci criant à tue-tête : « Papa vend de l'encre », celui-là ajoutant d'une voix grave et profonde : « L'enfant dit vrai. » Le monopole accordé à la Compagnie générale des allumettes a fait définitivement disparaître l'humble industriel qui, la boîte ouverte, suspendue sur le ventre, s'avançait en chantant toute une romance :

Je suis le marchand d'allumettes,
Messieurs, Mesdam', en voulez-vous ?
Elles sont belles et bien faites,
Je vous les donne pour deux sous.

Si vous voulez avoir la preuve
Qu'elles sont bonnes à brûler,
Venez, Messieurs, les essayer ;
Elles sont toutes à l'épreuve.

Il ne reste plus que les industriels qui vendent des cigares et du feu dans les foules. Auparavant, la propagation des allumettes chimiques avait naturellement

Fig. 42 — Marchand de cartons. D'après Carle Vernet. XIXᵉ siècle

éliminé peu à peu la marchande d'amadou et le marchand de briquets.

Le fontainier a perdu beaucoup de son cachet, depuis qu'on lui a interdit la trompette sur laquelle il brodait des variations redoutables. Il avait remplacé la trompette par un cornet en fer-blanc, d'où il tirait encore des sons à faire frémir les gens nerveux. La police a fini, je crois, par interdire aussi le cornet de fer-blanc, et le pauvre industriel, traqué de la sorte, en est réduit, sauf dans les moments de tolérance, à souligner, avec une vulgaire sonnette son cri classique : *Voilà votre marchand de fontaines ! Oh ! l'fontainier !*

Vous entendez toujours : *À la barque ! à la barque !* Mais vous n'entendez plus : *Huîtres à l'écaille, à quatre sous la douzaine !* ni : *Trois de six blancs, les rouges et les blancs !* L'acheteur d'*os, ferraille, cuivre*, et de *bouteilles cassées* se fait de plus en plus rare. On rencontre encore, mais de très loin en très loin, le marchand de cartons (fig. 42), portant, avec sa femme, qui marche derrière lui, un brancard surchargé de sa marchandise et scandant sa mélopée lente et monotone : « Voici des cartons, — de jolis cartons, Mesdames, — pour serrer vos châles et vos robes, — cartons ronds, cartons carrés, cartons à champignon, cartons ovales. » Disparu le marchand de paniers (fig. 43), qui, enseveli sous son bazar ambulant comme Ophélie sous les fleurs, promenait par les rues une pyramide fragile échafaudée à vingt pieds de haut et composée de paniers de toutes formes et de toutes dimensions, qui venaient s'enrouler jusqu'autour de son cou ! Disparus aussi, depuis la Restauration ou le gouvernement de Juillet, le marchand de fourneaux, les marchands de lunettes, de laurier, de paillassons, d'horloges de bois, le carreleur de souliers, les crieurs de petits livres populaires, parmi lesquels les oracles du Destin et les explications des songes tenaient le premier rang ; les marchands de sel, de petits pains, de saucissons, le marchand de billets de loterie, le marchand de hannetons pour un liard, le fondeur de cuillers d'étain, qu'on retrouverait peut-être au fond de certaines provinces reculées ! Disparu enfin le crieur de journaux avec sa lanterne à l'étoile lumineuse, et remplacé, sauf sur les

Fig. 43 — Marchand de paniers. D'après Carle Vernet. XIXe siècle

Fig. 44 — Marchande de pommes. D'après Duplessis-Bertaux

grands boulevards, où il se dédommage de son mutisme forcé, par les taciturnes marchands des kiosques !

   Durant les matinées d'hiver, on entend parfois encore le petit ramoneur, alternant avec la voix bourrue du patron qui marche devant lui en rasant les murs, et avec le cri lugubre du marchand de mottes à brûler : sa voix aiguë vient, dans l'aube froide et grisâtre, vous faire frissonner jusqu'au fond de votre lit ; mais c'est une industrie qui se meurt, détrônée par le fumiste, dont le fagot d'épines est seul assez mince pour franchir l'étroit défilé de nos cheminées modernes.

   Mais il reste assez encore de ces cris (fig. 44), la plupart traditionnellement transmis depuis des siècles, pour frapper l'étranger d'étonnement et pour produire, en certains lieux et à certaines heures du jour, un concert monstre tel que

Paris seul en peut enfanter. Figurez-vous, réunis sur le même point et criant tous à la fois : la marchande de plaisirs et celle de mouron pour les petits oiseaux (fig. 45), le vitrier, le gagne-petit, les marchands d'habits et de parapluies, les crieurs de « bon cresson de fontaine, la santé du corps », de pommes de terre au boisseau, de raie toute en vie, de merlan à frire, de hareng qui glace ; les marchandes des quatre saisons attelées à leur petite charrette, le fontainier, l'acheteuse de chiffons et de ferrailles, etc., le tout accompagné par une basse continue de voitures roulant sur le pavé et par une demi-douzaine seulement d'orgues de Barbarie : quel chœur formidable de glapissements, de gloussements, de hurlements, de grognements, de miaulements et de rugissements !

Il est remarquable toutefois que chacun de ces cris, dont la réunion fortuite peut former une telle cacophonie, dénote, pris à part, un sentiment harmonique incontestable et quelquefois frappant. Il y a des mélopées augustes et solennelles,

Fig. 45 — Marchande de mouron. D'après Carle Vernet. XIXe siècle

de vibrantes onomatopées, des exclamations joyeuses ou déchirantes. Beaucoup sont de charmantes mélodies, dont les unes se sont formées peu à peu et ont pris un caractère définitif et immuable ; les autres ont été créées de toutes pièces par des inventeurs. Tous ont été souvent notés. Parmi ces derniers, citons les cris du marchand d'encre, qui rappelait dans ses premières mesures le début d'un chœur de *Fernand Cortez* ; du marchand de fromages dépeint par Gouriet, beau vieillard à la figure fraîche et vermeille, à la voix de stentor, faisant sur le mot *fromage* une cadence de cinq à six minutes, et tout à coup, sur les dernières syllabes, renfonçant le son et le jetant de façon à faire trembler toutes les vitres ; de la vieille marchande de chiffons du quartier des Écoles, dont Félicien David, après l'avoir écoutée avec surprise, disait : « Mais savez-vous que c'est charmant ? Je vais retenir avec soin ce motif. Un grand air, commencé dans ce mouvement et dans cette harmonie, serait magnifique. »

D'autres allaient jusqu'à créer les paroles — toute une strophe, parfois tout

Fig. 46 — Labbé, marchand de coco. XIXe siècle

un petit poème — sur lesquelles ils brodaient leur mélodie. Ce sont les cris de la Halle, dit-on, qui inspirèrent le grand chœur de *la Muette* à Aubert. J'imagine que Meyerbeer a écouté plus d'une fois en rêvant les harmonieuses discordances de ce carillon colossal. Halévy a pris le cri traditionnel de *Bell' bott' d'asperges*, pour en faire les quatre premières mesures de son grand air : *Quand paraîtra la pâle aurore*. Le cri est certainement l'un des plus anciens, et il n'a jamais varié. C'est en criant des asperges et de la laitue qu'avait débuté le ténor Lainez, qui fit les beaux jours de l'Opéra, pendant plus de trente ans, de 1773 à 1812. Il était fils d'un jardinier de Vaugirard, qui l'envoyait vendre chaque jour ses légumes à Paris. Un matin, Berton, directeur de l'Académie de musique, l'entendit et, frappé de la justesse comme de l'éclat de sa voix, il le demanda à ses parents et lui donna des maîtres. Dans *les Français peints par eux-mêmes*, Mainzer a spécialement étudié ces cris au point de vue musical ; M. Kastner, membre de l'Institut, a fait de même, dans un savant in-4°, terminé par les *Cris de Paris*, « grande symphonie humoristique vocale et instrumentale en trois parties : le matin, le jour et le soir », à l'exemple, sinon à l'imitation de ce qu'avait déjà fait, trois siècles avant lui, maître Clément Jannequin. Castil-Blaze n'a pas manqué de s'en occuper aussi ; il a remarqué que la plupart de ces cantilènes de la rue reproduisent la tonalité du plainchant, ce qui suffirait à prouver l'antiquité de leur origine.

Un certain nombre de petits marchands de la rue sont devenus des personnages célèbres et ont légué leurs noms à la postérité, qui a plus ou moins accepté le legs. J'ai déjà été conduit à en citer quelques-uns dans le cours de ce chapitre. Ajoutons-y Jean Robert, marchand de *noir à noircir* sous la jeunesse de Louis XIV, dont le nom a été popularisé par les dessinateurs et les écrivains ; les bouquetières Babet et Marie, et deux autres bouquetières d'une célébrité différente : Louise Chabry, présidente de la députation qui alla haranguer le roi dans ses appartements à Versailles, le 5 octobre 1789, et celle qui fut massacrée à l'Abbaye dans les journées de septembre ; quelques marchandes de plaisir du dix-huitième siècle, spécialement celle qui donna le jour à la fameuse cantatrice Mlle Laguerre, la Signoret, que la marquise de Pompadour mit à la mode en faisant arrêter son carrosse devant elle pour goûter de sa marchandise et en lui adressant ces paroles : « Ton plaisir est fort bon », et le père Tourniquet, mort dans les premières semaines de 1876.

Pendant la Révolution était installé sur la place de Grève un fameux débitant de tisane, qui désaltérait les patriotes pour un liard : « Sa fontaine, placée à poste fixe, était inépuisable », écrit l'auteur du *Nouveau Paris*. « Un porteur d'eau, d'heure en heure, la remplissait. Le majestueux fontainier attirait tous les regards par son brillant costume. De larges galons d'or sur toutes les coutures de sa veste écarlate en augmentaient l'éclat, et quand d'un agile poignet il tournait d'un même coup trois robinets pour servir sept à huit buveurs à la fois, le bruissement des grelots qui pendaient à ses manches et qu'il secouait glorieusement en essuyant ses gobelets, s'entendait jusqu'au pont au Change. Enfin les jeunes filles qui venaient se désaltérer à sa fontaine se miraient en souriant dans la glace de son casque, dont les diamants multipliaient le soleil. » Qu'on dise encore que Mercier n'a pas le sentiment de la poésie !

Sous le règne de Louis-Philippe, quelques autres marchands de *tisane* atteignirent à la célébrité. Ce fut d'abord Labbé (fig. 46) qui, aux premières années de l'Empire, se promenait encore avec sa fontaine, sa clochette, son chapeau orné d'une plume, devant le théâtre de la Porte-Saint-Martin, dont il semblait un appendice inséparable. « Labbé, écrivait Edmond Texier en 1852, dans son *Tableau*

Fig. 47 — Le père Tripoli, polisseur de cuivre. XIXᵉ siècle

de Paris, jouit du privilège de désaltérer les gosiers dramatiques et autres. Il salue tous les artistes du théâtre, tutoie le machiniste, donne des poignées de main aux marchands de contre-marques, et a eu l'honneur de parler à M. Harel, un jour que le directeur passait sur le boulevard, donnant le bras à Mˡˡᵉ Georges, de monumentale mémoire. Labbé, retenu sous le péristyle du théâtre par les devoirs de sa profession, ne peut naturellement assister aux représentations, mais il saisit dans la conversation des consommateurs des bribes de dialogues et des situations qui le mettent bien vite au courant des pièces représentées ; depuis plus de trente années qu'il est le Ganymède ordinaire des jeunes *titis* du paradis, Labbé est devenu de première force sur le répertoire. On comprendra facilement l'enthousiasme de notre marchand de coco pour l'art dramatique. Ses goûts l'appelaient sur les planches ; mais, son éducation négligée ne lui ayant pas permis d'aspirer à cette haute position, il a vécu autant qu'il a pu à côté du théâtre. Il a un chapeau de traître de mélodrame et des chaussons de lisière ; il est artiste par la tête, et marchand de coco par les pieds. »

Labbé avait un rival de célébrité dans la personne du père Gilbert, d'abord marchand de badines, et qui s'était fait une réputation par la manière dont il lançait, en l'agrémentant de fioritures, le cri classique : *Achetez des badines ! Battez vos femmes, battez vos habits pour un sou !*

« Le cri du père Gilbert n'était pas sans malice, on le voit, dit M. Kastner ; les dames de la Halle le trouvèrent séditieux. Elles appréhendèrent au corps le mauvais plaisant et lui administrèrent une de ces corrections qu'on ménage fort peu aux mousses sur les bâtiments de l'État. » Le père Gilbert, à ce qu'il paraît, n'avait pas tenu compte de la leçon, et, devenu marchand de coco, il lui arrivait souvent, fâcheux empire de l'habitude ! au lieu de : *À la fraîche ! qui veut boire ?* de crier : *Battez vos femmes !*

De marchand de coco en marchand de coco, nous nous sommes laissé entraîner jusqu'à notre époque. Revenons maintenant sur nos pas pour esquisser la silhouette d'une des plus illustres marchandes de la rue, la belle Madeleine, qui vendait des gâteaux de Nanterre sous le premier Empire et la Restauration. *Illustre* n'est pas trop dire, car, après Gouriet, M. Charles Yriarte et plusieurs autres chroniqueurs de la rue lui ont consacré des notices ; on a peint et gravé plusieurs fois son portrait ; elle figura au salon, on la voyait à l'étalage des peintres en miniature du Palais-Royal ; on la mit sur la scène, des poètes la célébrèrent dans leurs vers, les petits journaux lui firent des mots. La belle Madeleine, comme elle s'appelait elle-même (au mépris de toute vérité, s'il faut en croire les historiens impartiaux), et comme l'appelaient aussi tous ses contemporains, si bien que cette épithète en était venue à faire partie de son nom, avait composé une petite chanson, que Gouriet a notée, pour crier sa marchandise :

> C'est la bell' Mad'leine,
> C'est la bell' Madeleine
> Qui vend des gâteaux,
> Des gâteaux tout chauds.

Après quoi elle ajoutait un commentaire en prose : « Régalez-vous, Messieurs, Mesdames : c'est la joie du peuple. » Coiffée d'un bonnet de paysanne, en jupe courte, la croix d'or au cou, vive et toujours souriante, elle se tenait, avec son éventaire suspendu sur sa poitrine, contre la grille des Tuileries ou aux abords du Palais-Royal.

À la même époque, une marchande de pommes à physionomie rustique, du nom de Claudine, parcourait les rues de Paris, tenant d'une main un plateau rempli de fruits, de l'autre sa jupe à demi soulevée, et s'avançait en dansant *la sauteuse* et en chantant sur une mesure très vive :

> Encore un quartr'on, Claudine,
> Encore un quartr'ron !

Il n'en fallut pas davantage pour la rendre fameuse. Pendant longtemps, elle était accompagnée d'un petit homme, moins âgé qu'elle et très proprement vêtu, qui entonnait d'une voix grave la chanson qu'elle continuait d'une voix aiguë.

Quoique Claudine fût d'un âge et d'une figure qui ne s'accordaient guère avec cette histoire, ce personnage passait pour l'ancien magister de son village, en compagnie duquel elle s'était enfuie à Paris. Sans avoir atteint à l'illustration de la belle Madeleine, Claudine fut assez célèbre pour avoir tenté, elle aussi, le burin du graveur.

Sous la Restauration, un gros goutteux s'établissait dans les jardins, sur les places publiques, et, de gré ou de force, exécutait, avec son papier et ses ciseaux, les portraits de tous les promeneurs dont il pouvait saisir le profil. Le faiseur de silhouettes avait à Tivoli une petite cabane tendue de papier blanc, sur lequel étaient collées des découpures en noir qui faisaient l'effet d'ombres chinoises, quand, le soir, il illuminait l'intérieur de sa guérite. Ce fut là qu'on le trouva mort.

Le père Tripoli, « fils de la Gloire », polisseur de cuivre et astiqueur de buffle-teries, a été, jusque vers le milieu du Second Empire, l'une des physionomies intéressantes de la rue (fig. 47). On le rencontrait particulièrement aux abords des corps de garde, des Invalides et de l'École militaire, toujours en uniforme, coiffé d'un bonnet de police ou d'un shako, le sac au dos, portant la moustache et la barbiche, en tenue et prêt à passer l'inspection. Il vendait une poudre rose pour nettoyer les cuivres et, en guise d'ensei-gne, portait sur sa poitrine force boutons, plaques, grenades re-luisant comme des soleils. Il aimait à causer de l'*autre* et à raconter ses souvenirs militai-res, qui dataient de fort loin, car il prétendait avoir servi comme volontaire sous la première Ré-publique et connu l'empereur simple officier. Il était en Égypte, à Austerlitz, à Waterloo, et ne tarissait pas dans le récit de ses souvenirs un peu con-fus, mais pleins d'enthousiasme patriotique. Quelques mauvai-ses langues avaient voulu jeter des doutes sur la nature et l'authenticité de ses services militaires, mais Tripoli méprisait ces calomnies impuissantes et jalouses ; elles ne trouvèrent d'ailleurs jamais la moindre créance auprès des soldats, dont les gibernes étaient rede-vables à ses soins d'un éclat merveilleux, et qui lui contaient Sébastopol ou Solférino en re-

**Fig. 48 — *Chevaux pour les enfants !*
D'après Boitard. XVIIIe siècle**

tour du pont d'Arcole, non plus qu'auprès des tambours de la garde nationale, qui lui pardonnaient de leur faire concurrence, en buvant avec lui, sur le comptoir voisin, à la santé des *Frrrançais !*

Tripoli, fils de la Gloire, est à peu près le dernier des industriels parisiens, en dehors des catégories auxquelles nous avons consacré des chapitres spéciaux, qui ait atteint à la célébrité.

Nous ne pénétrerons pas, à la suite de Privat d'Anglemont, dans le domaine fantastique des métiers inconnus. On sait quelles découvertes bizarres a faites, en parcourant les sous-sols de l'industrie parisienne, ce fureteur que rien ne rebutait dans ses recherches : c'est grâce à lui, mais à lui seul, que des types comme ceux du fabricant d'asticots et de crêtes de coq, du boulanger en vieux, du peintre de pattes de dindon, du berger en chambre, sont devenus fameux ; mais on n'en sait que ce qu'il en a dit, et, en admettant même que ce peintre de la bohême industrielle n'ait pas enchéri sur la réalité, ils ne sont point de notre compétence, puisqu'ils n'ont point conquis leur renom au grand jour de la rue.

Dépot légal : janvier 2016
ISBN 978-2-36722-020-8